나는 자본금 0원으로
창업했다

똑똑한 정부지원금 활용 창업 가이드

나는 자본금 0원으로 창업했다

하동균 지음

매일경제신문사

성적 최하위 고졸이 자본금 0원으로 창업하고 기업경영컨설턴 트, 작가가 되기까지….

저는 애석하게도 30대 이전의 기억은 거의 없습니다. 심지어 가 장 찬란해야 할 20대도 직업군인(부사관) 생활을 했습니다. 군 생 활하면서 많은 일이 있었던 것 같은데, 생생하게 기억나는 일은 거의 없습니다. 그 이유를 곰곰이 생각해봤는데 30대 이전에 저는 삶에 대해 간절함이 없어서였던 것 같습니다. 당시에는 특별히 집 이 어렵다거나 아픈 사람도 없었습니다. 당연히 무난하게 흘러가 는 시간에 대한 감사함도 없었습니다.

뒤늦게 내 삶을 찾고 싶어서 전역했지만, 30년의 세월을 헛되 게 보낸 대가는 참혹했습니다. 전역하고 할 일이 없었습니다. 다 시 남이 만들어놓은 틀에 들어갔고 5년의 세월을 흘려보냈습니 다. 가끔 저에게 언제로 돌아가고 싶은지 물어보면 항상 이렇게 대답합니다.

"2018년 1월 1일!"

물리적으로는 1983년 9월 29일에 태어났지만, 2018년 1월 1일은 정신적으로 태어난 날입니다. 처음으로 나의 의지로 선택한 날이기도 합니다. 저는 정해진 월급을 받는 직원이 아닌 하는 만큼 벌 수 있는 보험영업직을 선택했습니다. 성적 최하위 고졸로서는 선택의 여지가 많지 않았기 때문입니다.

그리고 대구가 고향이지만, 무조건 서울에서 일하고 싶어서 상경했습니다. 대구에 아내와 딸을 그대로 내버려 둔 채로. 미쳤다는 소리도 들었지만, 당시에는 눈에 보이는 것이 없었습니다. 지금이 아니면 기회가 없으리라고 생각했습니다. 그때 유일하게 나를 100% 믿어줬던 사람은 아내입니다. 처음에는 황당해했지만 무조건 잘할 수 있다고 응원해줬습니다.

그렇게 대구와 서울을 오가는 영업직 생활을 시작했습니다. 돌아볼 여유가 없었기에 열심히 했습니다. 당시 영업을 하면서 빨간색 경차를 운전했습니다. 영업을 시작한 지 1년 만에 주행거리가 10만 km를 넘었습니다. 경차로 전국을 누비며 고객이 부르면 단돈 만 원짜리 보험을 들게 하기 위해서라도 달려갔습니다. 오직 가족을 먹여 살리고, 경제적 자유를 얻고 싶기 위해 노력했습니다.

하지만 단순히 영업만으로는 한계가 보였습니다. 고민하던 중 기업경영에 관심을 가졌습니다. 보험영업을 하기 전에 5년 정도 아버지가 하시던 조경사업을 운영했습니다. 그때 경영에 대한 도움을 주는 사람이 없어서 많이 힘들었습니다.

중소기업이나 소규모기업, 자영업자들이 경영에 대한 조언을 조금만 받을 수 있으면 훨씬 도움이 될 것이라 확신했습니다. 특히 기업을 운영하면서 필요한 사업자금이나 제도를 활용할 수 있는 방법을 알면 많은 도움이 될 것이라고 생각했습니다. 그래서 닥치는 대로 책을 보고 관련 강의를 수도 없이 수강했습니다.

당장 배울 돈이 없으면 대출받으면서까지 배웠습니다. 그리고 배운 것을 바로 현장에 적용했습니다. 무언가를 배웠다고 하더라도 이론으로 알고 있는 것과 현실에 적용하는 것은 많은 차이가 납니다. 저는 현장 중심의 실무를 많이 경험하고, 즉시 활용할 수 있는 방법을 찾았고 정리해나갔습니다.

특히 코로나19가 장기화되면서 많은 기업이 힘들어하고 있었습니다. 대기업도 휘청거리는데 우리나라의 99%를 차지하는 중소기업과 자영업자들은 말할 것도 없었습니다. 빚으로 버티다 못해 폐업하는 기업이 속출했습니다. 저는 그런 기업들을 보면 너무 마음이 아팠습니다. 그래서 제가 가진 모든 지식을 동원해서 돕고 싶은 생각이 간절했습니다.

이 책은 중소기업과 자영업자들이 정부지원사업을 최대한 활용할 수 있도록 썼습니다. 꼭 필요한 이론적인 설명도 있지만, 실질적으로 정부지원금을 받는 핵심 비법이 담겨 있습니다. 정부기관별로 어떠한 정부지원사업이 있는지 기관별 특성이 정리되어 있습니다.

인터넷에 정부지원사업이나 정부지원금을 검색하면 대부분 광고가 나옵니다. 마치 컨설턴트를 통해야만 정부지원사업에 참여할 수 있는 것처럼 광고합니다. 하지만 컨설턴트 없이도 이 책을 보면서 따라만 해도 정부지원사업을 활용할 수 있도록 구성했습니다.

제가 기업경영 컨설팅을 하면서 정부지원사업은 누구나 받을 수 있도록 되어 있다는 사실을 발견했습니다. 심지어 정부지원사업은 정답지가 공개되어 있습니다. 단지 그 정답지를 활용하는 방법을 모를 뿐입니다. 그리고 정답지에는 정부지원사업을 직접 알려주는 전문가의 전화번호도 공개되어 있습니다. 이 책은 정답지를 사용하는 가이드북입니다. 그리고 누구나 한 번만 정독하면 정부지원사업의 전문가가 될 수 있습니다.

정부지원사업은 매년 천문학적인 예산이 투입됩니다. 특히 이런 코로나19 같은 특수한 상황에는 거의 돈을 찍어내듯이 예산이

들어갑니다. 정부지원사업의 루틴만 알고 한 번만 해보면 모두가 정부지원사업의 혜택을 볼 수 있습니다. 아는 사람만 혜택을 보거나 전문가가 투입되어야 하는 것이 아니라는 말입니다. 한글만 읽을 줄 알고 인터넷 서핑할 실력이면 모두가 가능합니다. 그래도 힘들면 표지의 작가 소개에 나와 있는 제 블로그에 저와 연락할 방법이 공개되어 있으니 언제든 연락하시면 됩니다.

이 책이 중소기업과 소상공인에게 조금이나마 도움이 되길 바랍니다. 그리고 이 책이 나오기까지 저는 큰 도움을 받았습니다. 절대 혼자서는 이 책이 탄생할 수 없었을 것입니다. 먼저 이 책을 쓸 수 있도록 가르쳐주시고 '무자본 창업'이라는 주제를 기획해주신 '한국책쓰기강사양성협회(한책협)' 김태광 대표님께 큰 감사를 드리고 싶습니다. 대표님이 아니었으면 이 책을 시작도 못했을 것이고, '무자본 창업' 관련 책 쓰기는 엄두도 내지 못했을 것입니다. 또한, 대표님께서는 앞으로의 사업에 대한 방향성과 갖추어야 할 자세를 세세한 부분까지 가르쳐주셨습니다. 끝까지 잘할 수 있다고 응원해주셔서 정말 감사합니다. 앞으로도 꾸준히 배우고 성장하겠습니다.

또한, 지금까지 저의 성장을 뒤에서 묵묵히 응원하고 도와주신 분들, 작가 브랜딩과 마케팅 노하우를 모두 알려주신 '위닝북스' 권동희 대표님, 법인영업의 정도와 콘셉트가 아닌 기업점검의 기본을 적립해주신 '모두교육' 김도균 대표님, 회사를 위해 항상 든든한 버팀목이 되어주시는 '에즈금융서비스' 이태형 대표님, '오늘이 미래다'라는 슬로건으로 회사의 기틀을 만드신 '에즈금융서비스' 남민우 영업총괄사장님, 거침없는 조언과 성장하는 환경을 위해 항상 힘써주시는 '에즈금융서비스' 남일우 본부장님, 동반성장을 위해 항상 공부하고 공유하는 김범수, 이은경, 홍혜경, 오찬용, 황훈주 대표님. 이분들께 감사한 마음을 표현해봅니다.

특히, 저의 모든 것을 믿어주고 언제나 힘을 주는 아내에게 특히 감사합니다. 독박육아를 하면서도 아무런 내색하지 않고 버텨줬기에 지금의 제가 있었습니다. 그리고 항상 걱정하시면서 조심하라고 당부하고 믿음을 주시는 부모님과 여동생에게 감사합니다.
당시 가진 것 없는 저에게 소중한 딸과 결혼할 수 있도록 허락해주신 장인어른과 장모님께도 감사의 말씀을 전합니다.
모든 감사한 분들께 살면서 꾸준히 보답하겠습니다.

하동균

차례

2장 아는 사람만 정부사업지원금으로 창업한다

3장 자본금 0원으로 창업하는 7단계 원칙

4장 사업자금 받는 기업을 만드는 방법

5장 창업 후 계속 정부사업지원금을 받는 방법

1장

아이디어만 있다면
누구나
창업할 수 있다

01 당신의 삶을 돌아보면 창업이 보인다

2022년 9월 5일 통계청 보도자료에 따르면, 2022년 7월 1일 기준 세계 인구는 79억 7,000만 명이다. 80억 명에 가까운 인구 중 생김새가 비슷하거나 일란성 쌍둥이처럼 거의 똑같은 사람도 있다. 하지만 성격이 완전히 똑같은 사람은 없다. 심지어 같은 환경에서 자랐어도 말투, 행동, 감정표현, 성격 등 모든 것이 일치하는 사람은 없다.

나에게는 열한 살 차이가 나는 여동생이 있다. 아무리 나이 차이가 크게 나더라도 부모는 같다. 하지만 많은 부분에서 차이가 난다. 나는 공부를 못했지만, 동생은 중학교 내내 전교 5등 이내에 들었다. 나는 고등학교 2학년 때 취업을 준비하고 싶었지만, 부모님의 설득으로 대입 수학능력시험을 준비했다. 반면 동생은 공부를 매우 잘하면서도 그림에 관심이 많았다. 그래서 부모님과 담임 선생님의 설득에도 뜻을 굽히지 않고 예술고등학교에 입학했다.

그 후 실력으로 건국대학교에 합격했다.

이처럼 한 가정, 같은 환경에서 자란 형제자매도 모든 것이 다르다. 자라온 환경과 상황이 다른데도 똑같은 사람이 있다고 생각하는 것, 자체가 이상한 일이다. 사회에서 많은 경험을 하면 모습이나 성격 등은 또 달라진다. 학교에서 배웠던 것과 전혀 다르게 인생이 흘러가는 경우가 많다. 지금처럼 변화가 급격하게 진행되는 사회에는 적응조차 쉽지 않다.

급격하게 변화하고 있는 시대지만, 교육만큼은 아직도 옛날 방식을 고수한다. 1998년 3월 1일에 교육기본법을 시행하면서 초등교육 6년, 중등교육 3년을 의무교육으로 지정했다. 처음 교육기본법이 생긴 후 25년 정도의 시간이 흘렀지만 크게 변화한 것은 없다. 교육 방식도 비슷하다.

국어, 영어, 수학 등 기본적으로 배우는 과목은 늘 비슷하다. 사람마다 관심이 있는 분야가 따로 있지만, 그 과목만 배우는 것은 불가능하다. 시대가 변하면서 추가되는 과목들이 있기는 하지만 충분하지는 않다. 물론 사회생활을 하면서 기본적으로 지켜야 할 윤리, 도덕, 예절, 질서, 인성 등은 교육해야 한다. 교육은 필요한 자질을 갖춰 인간다운 삶을 영위하게 하는 게 목적이기 때문이다.

우리나라의 교육은 주입식인 것이 큰 특징이다. 배우는 시간과 과목을 학교에서 결정한다. 학교마다 조금씩은 차이가 있지만 큰 틀은 변함이 없다. 그리고 배운 과목의 내용을 외우게 하고 잘 외웠는지 시험을 본다. 그 시험으로 점수를 매기고 순위를 나눈다. 순위에 따라 우등생과 열등생이 구분된다. 잘 배우고 이해했는지를 단순한 시험 몇 번만으로 판단해버리는 것이다.

무언가를 배우다 보면 궁금증이 반드시 생긴다. 또한, 정답이 명확하지 않고 상상력과 창의력을 발휘해야 하는 때도 있다. 그러면 질문하고 토론하며 서로 의견을 교환하면서 생각을 키워야 한다. 하지만 학교에서는 이런 생산적인 활동을 거의 하지 않는다. 그저 성적을 높여 좋은 대학에 보내는 것을 목표로 삼기 때문이다. 그리고 대학을 졸업해서 좋은 직장에 취업해야 행복한 삶을 살 수 있다고 가르친다.

틀에 박힌 교육을 받던 학생들에게 반항의 시기가 찾아온다. 이런 반항을 대표하는 것이 바로 사춘기의 모습이다. 사춘기는 사회가 정해놓은 삶 속에서 살다가 처음으로 자신과 대화하는 시기다. 내가 누구인지, 앞으로 어떻게 살아가야 하는지 처음으로 자신에게 물어본다. 하지만 이런 물음에 명확한 답을 해주는 사람은 없다. 그래서 아이들은 혼란스러워한다. 방황하며 부모님이나 선생님 눈에 어긋나 보이게 행동하는 이유다. 그러나 이건 어긋난 행동이 아니라 자기 자신을 찾아가는 과정이다.

그 과정을 자신과 대화하며 답을 찾아 나가는 아이는 사춘기를 무난히 넘긴다. 하지만 자신을 향한 궁금증이 풀리지 않으면 외부로 표출하거나 답을 찾으려고 방황한다. 이렇게 사춘기의 과정을 거치면서 자기 자신의 정체성은 확고해진다. 부모와 선생님의 보호에서 벗어나려 하고, 자기 주도적인 삶을 찾으려 한다. 하지만 아직 어리다는 이유로, 성인이 되지 않았다는 이유로 어른들은 그런 노력을 억누르려고만 한다.

이것은 사람들 대부분이 경험하는 일이다. 아주 다양하게 나타나기도 하고 극복해나가는 방법도 다양하다. 스무 살 이전의 청소

년기의 삶은 거의 대입 공부에 바친다. 이렇게 정해진 틀 안에서 살아가는데도 그 속에서는 수많은 일이 일어난다. 대학에 진학해서 공부를 더 해도, 사회에 빨리 진출해도 마찬가지다. 무수히 많은 선택이 기다리거나 변수가 수도 없이 생긴다. 이런 선택과 변수에 따라서 삶의 방향은 계속 변화하게 된다.

변화하는 시대를 살며 많은 사람이 대부분 자신을 그 속에 가둔다. 먹고살기 위해서 내가 원하는 삶이 아닌 회사가 원하는 삶을 선택한다. 먹고살기 위해 어쩔 수 없다는 말을 입에 달고 산다.

나의 부모님은 30년 이상 옷을 만드는 일을 하셨다. 기계로 만드는 기성복이 아닌, 재봉틀과 바느질로 옷을 만드는 가내수공업을 하셨다. 맞춤옷이 호황일 때는 한 달에 400~500만 원 정도 벌었다고 한다. 30년 전에 500만 원이면 엄청나게 큰돈이다. 그렇게 열심히 일해서 많이 벌어 가족들과 친척들까지 모두 챙겼다. 그러다가 기성복이 등장하고 대량으로 옷이 만들어지기 시작했다. 하지만 부모님은 계속 가내수공업을 고집하셨다. 당장 이거라도 해야 먹고사는 것이 가능하다 하시면서. 그러다가 점점 형편이 어려워지셨고, 결국 30년 이상 종사해오던 일을 정리하게 되셨다. 부모님이 당시 시대의 흐름에 맞게 기성복을 받아들였다면 어땠을까? 거기에 부모님의 기술력을 더했으면 지금도 옷을 만드는 일을 하고 있으셨을 것이다. 지금은 시골에 내려가 농사를 짓고 계신다.

사람마다 각자의 인생 스토리가 있다. 신기한 것은, 모두에게 똑같은 인생 스토리는 없다는 것이다. 이 때문에 각자의 인생 스토리는 그만의 무기가 된다. 하지만 자신의 인생 스토리를 무기라고 생각하는 사람은 극히 드물다. 사회가 정해놓은 틀과 교육, 환경에 너무 익숙해져 있기 때문이다. 주변 사람들이 대부분 직장에서 일하니 자신도 직장 일을 선택한다. 살아가면서 조언이나 배움을 청해도 그저 똑같은 사람이 주변에 있으니 발전할 확률은 극히 낮다. 따라서 자신만의 인생 스토리가 어떠한 힘이 있는지 사람들 대부분은 알지 못한다.

《무기가 되는 스토리》의 저자 도널드 밀러(Donald Miller)는 이렇게 말했다.

"거의 모든 스토리를 아주 압축적으로 요약하면 이렇다. 무언가를 원하는 캐릭터가 난관에 직면한다. 하지만 결국은 그것을 얻게 된다. 절망이 절정에 달했을 때 가이드가 등장해 계획을 내려주고 행동을 촉구한다. 그 행동 덕분에 실패를 피하고 성공으로 끝맺게 된다."

이 스토리의 과정을 보면 인생에서 성공한 사람의 스토리와 똑같다. 인생을 살다 보면 난관이 반드시 닥친다. 그 난관을 헤쳐 나가려 노력하고 발버둥 치지만 뜻대로 잘되지 않는다. 똑같은 삶을 사는 것이 너무 지겹고 허무하지만 당장 탈출할 방법이 없다. 결국은 방법을 찾지 못하고 아침에 일어나서 직장으로 향한다. 같은 일을 똑같이 반복하는 생활을 계속 이어가면서. 여기서 탈출하는 방법은 올바른 가이드를 받거나 스스로 그 틀을 깨고 나오는 것뿐이다.

성공한 사람들을 보면 남이 만들어놓은 직장에 몸담는 삶을 이어 가는 사람은 거의 없다. 스스로 독립해 사업을 운영함으로써 오히려 일자리를 제공한다. 배움의 소중함을 알고 꾸준히 공부하고 지식을 습득한다. 그리고 습득한 것을 공유하고 더 좋은 시스템을 갖추기 위해 노력한다. 직장인으로 시작했지만, 그것에 만족하지 않고 자신만의 것을 찾으려고 노력한다. 남의 밑에서 일정한 대가만 받아가면서 생활하는 삶이 너무 피곤하다는 것을 알기 때문이다.

몇몇은 이렇게 생각할지도 모른다. '남 밑에 있으면 속 편하다', '당장 먹고살 길이 막막한데 월급이라도 나오니 다행 아닌가?', '내 사업을 시작하기엔 경험도 너무 없고 사회도 너무 각박하다'라고 말이다. 하지만 그것은 착각이다. 당신은 수십 년을 살았고, 그 삶 속에는 수많은 경험이 쌓여 있다. 남들이 걸어오지 않은 나만의 인생이 있다. 만약 당신이 삶의 경험이 없다고 생각한다면, 그것은 당신의 삶을 되돌아보지 않았기 때문이다.

당신의 삶에서 새로운 것을 시작해라. 조개 속의 진주를 찾듯이 당신의 인생 아이템을 찾아라. 평범하다고 생각하는 삶 속에도 진주는 언제나 숨겨져 있다. 당신만의 왕조를 세우듯이 당신의 계획을 주변에 알리고 창업해라.

가장 어렵게 사는 방법은 '월급쟁이'다

나는 8년간의 부사관 생활을 마치고 2012년 3월에 전역했다. 전역 후 친한 친구에게 한 여성을 소개받았고, 그 여성이 나와 10년째 같이 사는 아내다. 우리는 2013년 12월 7일에 결혼했다. 결혼한 지 약 1년이 지나고 사랑스러운 딸을 임신했다. 아내는 만삭이될 때까지 하루도 쉬지 않고 일을 했다. 전기 패널을 만드는 회사였는데, CAD로 도면 그리는 일을 했다.

아내는 전문대학교를 졸업한 직후 바로 취업을 했다. 한번 직장에 취직하면 한 회사를 끝까지 다니는 성격이라 이직도 거의 없었다. 첫 직장에서는 CAD로 도면 그리는 업무와 사무, 커피 심부름까지 했다. 약 20년 전이라 사무실에서 흡연도 하던 시절이었다. 월급은 약 80만 원 정도였다고 한다. 그 직장에서만 8년 정도 근무했다. 그동안 월급이 오르긴 했지만 충분하지는 않았다. 첫 직장을 그만두고 1년 정도 일을 쉬었다. 당연히 수입은 없었지만, 월급을 아껴서 모아둔 돈으로 어느 정도 자신에게 보상을 해줬다. 하지만 수입이 계속 없으면 생활이 되지 않아서 다시 직장을 구해서 들어갔다. 두 번째 직장에서도 첫 번째 직장과 비슷한 일을 했다. 당시 월급은 240만 원 정도였고, 모든 도면을 혼자서 다 그렸기 때문에 이전 직장보다 높게 책정되었다.

정해진 근무시간이 지켜질 수 없는 구조의 회사였다. 나는 회사를 그만두라고 했다. 하지만 아내는 일이 힘들어도 월급을 포기하기 힘들다고 했다. 매월 240만 원의 수입은 우리에게는 큰돈이었다. 나는 아버지에게 물려받은 조경사업을 하고 있었는데, 매달 고정적인 수입이 없었다. 살아있는 나무를 취급하다 보니 계절의 영향을 너무 많이 받았다. 매달 고정수입에 익숙해 있던 아내는 그것을 아주 불안하게 여겼던 것이다.

많은 사람이 매달 고정수입이 나오는 직장에 다닌다. 통계청의 경제활동인구조사에 따르면, 2022년 8월 기준 전체 경제활동인구는 2,902만 5,000명이다. 그중에 임금근로자 수는 2,172만 4,000명이다. 무려 74.84%가 고용계약을 체결하고 그 대가를 받는 임금근로자로 활동한다는 것이다. 나 또한 부사관으로 근무하던 시절 월급을 받았다. 군대라는 특수한 직군이지만 엄연한 임금근로자였다. 2004년 당시 첫 월급은 120만 원 정도였다. 그래도 숙식은 대부분 부대에서 해결할 수 있어서 충분하다고 생각했다.

그렇다면 사람들은 무슨 이유로 임금근로자, 즉 월급쟁이를 선호할까? 여러 가지 이유가 있겠지만, 크게 2가지 요인을 들 수 있다. 첫 번째는 자라온 가정환경이다. 태어나고 자라면서 가장 많은 영향을 받는다. 가정환경 중에서 부모의 영향력은 절대적으로 크다. 부모의 친밀도, 직업, 성격, 태도 등에 따라 가치관 형성에 큰 변화가 있다. 그리고 부모의 직업에 따라 자녀의 직업도 비슷하게 흘러간다. 간혹 의사 집안, 교육자 집안, 예술가 집안 등 가족 전체가 한 분야의 직업을 가지고 있는 경우도 이 때문이다.

두 번째는 교육환경이다. 우리나라는 초등교육 6년, 중등교육 3년을 법정 의무교육으로 지정하고 있다. 하지만 현실적으로는 대부분 고등학교는 무조건 졸업한다. 취업을 위해서는 전문대학교라도 어떻게든 졸업하려고 노력한다. 심지어 대학교를 졸업하더라도 좋은 직장에 들어가기 위해서 추가로 대학원에 진학한다. 필요하면 유학도 간다. 기업이 원하는 스펙을 하나라도 더 쌓기 위해서 자격증 공부까지 한다. 오로지 좋은 직장을 위해서 배우는 것이다.

이렇게 환경에서 가장 영향력을 많이 주는 부모님과 선생님이 대부분 월급쟁이다. 근로계약서에 정해져 있는 시간은 회사를 위해 무조건 일해야 한다. 그 일을 해야만 정해진 돈을 받는다. 모든 삶을 회사의 일정에 맞춘다. 그리고 회사를 위해서 가장 많은 시간을 소비한다. 오로지 시간을 소비해야만 대가를 받는다.

월급쟁이가 되는 것은 어쩌면 당연한 결과다. 월급쟁이라도 생활이 편하거나 만족이 되면 조금이나마 위로가 된다. 하지만 현실은 정말로 냉혹하다. 통계청 자료에 의하면 2021년 1월 소비자물가 지수가 0.9%였지만, 2022년 6월 기준 6%까지 상승했다. 특히 생활에 밀접한 관계가 있는 농·축·수산물 가격, 공업제품 가격, 전기·수도·가스요금까지 모두 상승했다는 것이다.

월급은 고정이 되어 있는데 물가상승으로 인해서 소비되는 돈만 늘어난다는 결론이다. 그렇다고 물가가 올랐으니 월급을 올려 달라고 할 수도 없다. 그나마 매년 조금씩이라도 월급이 올라가는 이유는 고용노동부 산하 최저임금위원회에서 매년 최저임금을 올리고 있기 때문이다. 2023년 최저임금은 9,620원으로 2022년 대비 460원이 오른 5.0%가 상승했다. 주 40시간, 월 209시간을 근무한다는 기준으로 2,010,580원을 월급으로 받는다. 대부분 근로자의 월급이 정해졌다. 연봉으로 환산하면 2,400만 원이다.

이렇게 결정이 된 것에도 반발한다. 노동자 측은 너무 적다고 반발하고, 사용자 측은 너무 많다고 반발한다. 양측 각자의 타당한 이유는 존재한다. 노동자 측은 물가폭등으로 인해 실질적인 삭감안이라고 주장한다. 사용자 측은 고물가, 고금리, 고환율의 삼중고로 버티기 힘든 중소 영세기업과 소상공인의 현실을 반영하지 않는다고 주장한다. 중간에서 양측을 조율해야 하는 공익위원도 난감하기는 마찬가지다.

실질적으로 근로를 제공하고 대가를 받는 것은 월급쟁이 자신들이다. 그런데 월급을 정부에서 결정하고 있다. 물론 최저임금을 정해서 정당한 노동의 대가를 받게 한다는 취지에는 동의한다. 하지만 더욱 노력하고 성과를 내며, 자신의 가치를 증명하는 사람들에게는 오히려 족쇄다. 법적으로 정해진 최저임금만 지급하면 회사는 아무런 잘못이 없기 때문이다.

월급을 많이 올리는 방법은 진급하는 길뿐이다. 하지만 진급도 쉽지가 않다. 대부분 회사의 진급 조건에 근무 연차를 본다. 그리고 인사고과라는 평가가 있어서 상사의 눈치를 봐야 한다. 불합리한 대우를 당해도 참아야 한다. 진급에 맞는 점수를 따기 위해서 추가로 공부하고 시험도 봐야 한다. 이것을 다 하면서 기존에 하던 업무도 모두 해내야 한다. 몸이 10개라도 모자라고 여유를 즐길 수 있는 시간은 전혀 없다.

이렇게 해서라도 진급을 하면 그나마 다행이다. 진급심사에서 몇 번 떨어지면 자동으로 퇴직을 해야 한다. 버티고 있을 수는 있지만, 회사에서 엄청난 눈치를 준다. 능력 없는 사람이라고 낙인찍혀 아무것도 할 수 없게 된다. 그리고 코로나19 같은 특수한 상황이 오면 가장 먼저 하는 것이 인원 감축이다. 회사의 인건비 절감을 위해서는 어쩔 수 없는 선택인 것이다.

월급쟁이의 삶을 계속하면 이런 상황에 휘둘릴 수밖에 없다. 자신의 삶과 시간이 남에 의해서 조정된다. 무한한 시간의 가치가 정부에서 정한 최저임금으로 정해진다. 아무리 열심히 일해도 가장 많은 이득을 보는 것은 회사가 된다. 각종 복지와 혜택을 제공하는 대기업도 많지만, 그것도 한계가 있다. 당신이 이룬 결과물 이상으로 절대 보상해주지 않는다. 그저 기분 좋을 정도만 보상해줄 뿐이다.

내가 참 좋아하는 말이 있다. '직장에서 받는 월급은 마약이다'라는 말이다. 한번 중독되면 스스로 끊기는 정말 힘들다. 담배를 끊으려면 금연센터에 가서 도움을 받으면 된다. 하지만 월급에 중독된 사람들은 도움받을 곳이 거의 없다. 그 이유는 주변에 월급을 받고 생활하는 사람이 대부분이기 때문이다. 월급에서 자유로운 사람이 거의 없다. 그들은 이미 고정적인 소득에 자신의 생활과 시간을 맞추고 있기 때문이다.

다이어트에 성공하는 방법은 의외로 간단하다. 내 몸이 하루에 필요한 기초 대사량을 측정한다. 수치가 나오면 그 수치 이하로 음식을 섭취하면 된다. 나는 한때 몸무게가 117kg까지 나갔다. 당시 나의 기초 대사량은 850kcal 정도였다. 40대 성인 평균 수치의 절반 정도였다. 그러니 조금만 먹어도 살이 쪘다. 더 이상 내버려 두면 정말 큰일 날 것 같아 다이어트를 결심했다. 식단조절로 섭취 열량을 줄이고, 운동으로 기초 대사량도 1,900kcal까지 올렸다. 그러니 자연스럽게 살은 빠졌고 현재도 조절 중이다.

월급이라는 마약을 끊는 방법도 다이어트와 비슷하다. 하루 필수 생활비를 측정해야 한다. 이때 불필요한 비용과 없어도 되는 것은 모두 정리한다. 월급을 많이 받는 것이 최고라는 말을 하는 사람을 멀리해라. 그리고 월급에서 벗어날 계획을 세워야 한다. 월급으로 소득을 받는 것이 아니라 내가 한 만큼 벌 수 있는 구조를 찾아야 한다. 더 이상 한 달에 한 번 받는 월급을 안정적이라고 착각하지 말라. 세상에서 가장 힘들게 사는 월급쟁이에서 벗어나 생산자가 되어라.

노예근성에서 벗어나면 아이디어가 생긴다

"누구든 노예제도에 찬성한다는 이야기를 할 때마다 그에게 직접 노예생활을 시켜 보고 싶은 강한 충동을 느낀다."

가난한 농민의 아들로 태어나 미국의 16대 대통령까지 오른 에이브러햄 링컨(Abraham Lincoln)의 말이다. 그는 노예해방선언문을 발표하며 노예제도를 폐지했다. 자신의 이름이 역사에 남는다면 바로 노예해방선언 때문일 것이라고 말할 정도로 노예제도 폐지에 적극적이었다. 전쟁의 명분을 위해서 활용했다는 말도 있지만, 노예제도 자체를 폐지한 공적은 인정하지 않을 수 없다.

노예는 과거 우리나라의 조선시대에도 있었다. 노비가 그것이다. 당시 신분제도에서 노비는 최하위 계급이었다. 사람이지만 재산으로 취급되어 사고팔기도 했다.《경국대전》의 기록을 살펴보면 15~50세 노비의 가격이 면포 40필 정도였다. 당시 말 한 필의 가격이 30~40필이었으니 말 한 마리와 같은 취급은 받았던 셈이다. 또한, 이들은 평생 주인의 밑에서 힘들게 노동해야 했다. 이름도 성도 없이 부르기 쉬운 아무개로 불리면서. 현 시대의 반려동물보다 못한 취급을 받았던 셈이다.

이런 취급을 받았지만 먹고살 수 있다는 이유 하나만으로 그들은 대부분 자신의 생활에 만족했다. 자신이 열심히 일해서 좋은 결과가 나와도 공을 모두 주인에게 돌렸다. 그저 배고프지 않게 살 수만 있으면 그것으로 만족했다. 시키는 일만 하면 되니 생각도 할 필요가 없었다. 생각이 없으니 꿈도 없고 원하는 것도 없었다. 그저 흘러가는 대로 살아갈 뿐이었다. 오늘 당장 배고픔만 없으면 된다는 생각이었다.

지금은 신분제도가 없지만, 정해진 월급을 받는 직장인들은 마치 노비처럼 눈뜨면 일터로 가서 일하고, 일할 때는 상사의 눈치를 본다. 내가 잘못한 일이 아닌데도 먼저 사과한다. 상급자의 눈에 잘 띄기 위해 아부도 마다하지 않는다. 열심히 일해도 회사가 더 많은 이익을 가지고 간다. 오로지 정해진 월급을 매월 한 번씩 받을 뿐이다. 삶이 나아지지 않아도 회사를 떠나지 못한다. 매월 받는 월급에 자신의 삶을 맞추며 살아왔기 때문이다. 삶 자체가 힘들어서 이런 생활을 어쩌지 못하고 받아들일 뿐이다.

나도 이런 노예근성에 찌들어 있던 사람이었다. "어떤 일을 하더라도 잘하려고 하지 말고 딱 중간만 해라"라는 말을 최고의 명언으로 생각하며 살았다. 8년의 부사관 생활을 마치고 아버지의 사업을 물려받았지만 먹고살 만큼만 하자는 생각이었다. 그러면서 조금이라도 잘되면 내가 잘나서 그렇다고 생각했다. 반대로 조금만 결과가 나쁘면 남 탓을 했다. 그래야 내 잘못이 없는 것처럼 보였기 때문이다. 하나를 받으면 10가지를 더 받으려고만 애썼다.

노예근성은 뿌리부터 철저하게 뽑아내야 한다. 노예근성은 남이 시키는 대로 하는, 주체성이 없는 사람의 태도를 말한다. 남의 눈치만 보고 자유가 주어져도 그저 자리에 앉아서 아무것도 하지 않는다. 현시대로 넘어오면서 이런 근성이 삶을 병들게 한다. 발전성 있는 생각을 하지 못하게 하고, 그저 현재의 삶에 머물도록 한다. 어딘가에 속해야만 편안함을 느낀다. 그런 편안함이 계속될 거라 착각하면서 말이다.

현대사회에서는 이런 노예근성이 점점 심해지고 있다. 일부 몰지각한 사람이나 단체들이 자신들의 이익을 위해서 사회가 불편해지더라도 행동에 들어간다. 파업으로 자신들의 정당성을 알리려고 발버둥 친다. 각종 이유를 대면서 행동에 들어가지만, 종합해보면 일을 덜 하면서 돈은 더 많이 받겠다는 셈법이다. 코로나19로 회사가 어려워져도 자신들의 몫은 모두 챙기려 한다. 어려움이 있으면 함께 나눠야 하는데, 모든 책임을 사회와 회사에 돌릴 뿐이다.

이런 생각은 사회를 지옥으로 만드는 지름길이다. 사회뿐만 아니라 개인의 삶도 지옥으로 만들게 된다. 사람에게는 누구나 자신만의 개성과 경험이 있다. 완벽하게 똑같은 사람은 이 세상에 존재하지 않는다. 그런데도 사람들 대부분은 자신만의 개성과 특성을 발현하지 않는다. 너무나도 익숙해진 노예의 삶을 아직도 최고라고 생각하는 사람이 너무나 많다. 주도권을 남에게 넘기고 그가 자신을 이끌어주기만을 바랄 뿐이다.

OECD 한국경제보고서 자료에 따르면, 대한민국의 65세 이상 노인빈곤율은 43.4%로 나타났다. OECD 국가 중 1위에 해당한다. 퇴직해서 노후를 즐겨야 하지만 생활비가 없어서 다시 일해야 한다. 열심히 일하고 돈을 벌면 노후는 행복할 줄 알았는데 현실은 정반대로 흘러간다. 자신이 선택한 현실임에도 사람들은 대부분 사회를 탓한다. 그저 국민연금을 더 주거나 사회보장제도를 통해 보상해주길 바란다.

사람은 남이 만들어놓은 틀에서 벗어날 때 생각을 하고 발전하게 된다. 이런 틀에서 벗어나는 것은 의외로 간단하다. 스티브 잡스(Steve Jobs)가 자신이 받은 캘리그래피 수업에 컴퓨터를 응용해 매킨토시를 만들어낸 것처럼 말이다. 그것은 애플이 탄생하는 시초가 되었다. 사람은 누구나 자신만의 경험을 지니고 있다. 자신만의 생각과 특징도 가지고 있다. 살아가는 환경과 교육방식에 따라 정체성이 달라지고 바뀌기도 한다. 심지어 똑같은 환경과 교육을 받더라도 많은 차이가 난다.

그런데도 아직 우리나라는 주입식 교육을 하고 있다. 교육을 잘 받았는지 시험을 통해 점검한다. 그 점수로 순위를 나눈다. 1등은 우등생, 꼴찌는 문제아로 낙인찍어버린다. 장래의 진로는 부모님과 선생님이 정한다. 시험 점수를 보고 어떻게 하면 더 좋은 학교에 보낼 수 있을지 고민하면서 결정한다. 그러면 학생은 무엇을 하나? 성적을 올리기 위해 학원에서 추가로 공부한다. 이 엄청난 공부에 자신만의 인생을 위한 고민과 공부는 전혀 없다. 이런 공부 말고 다른 공부를 하고 싶다고 하면 아직 어리다는 이유로 무시당하기 일쑤다.

취업을 위한 학문적인 지식만 고집하다 보니 생각의 깊이는 점점 얕아진다. 자신의 의견도 내고 토론도 하면서 상호 발전을 이룩해야 하는데 현실은 정반대로 흘러간다. 나는 교육이 올바른 사람이 되도록 가르치는 것이라고 굳게 믿는다. 태어나서 사람답게 인생을 살아갈 수 있도록 해주는 도구가 교육의 진정한 가치다.

창의적인 교육을 통해 무한하게 생각할 수 있는 환경을 만들어 줘야 한다. 생각을 틀에 가두어버리면 사람은 동물과 똑같아진다. 배고프면 먹고, 잠이 오면 자는 가축과 똑같아지는 것이다. 남의 손에 내 삶이 휘둘리는 셈이다.

더 이상 당신의 생각을 남에게 휘둘리는 삶을 살지 말라. 내가 하고 싶은 것을 생각하고 실행해라. 그렇게 하면 남들이 할 수 없는 나만의 것이 생긴다. 그게 아이디어가 되고 사업이 된다.

5년간 사업하면서 딱 하나 잘한 일이 있다. 사업 특성상 한여름에는 나무 판매가 거의 되지 않았다. 이유는 더운 날씨 탓도 있지만, 봄에 깨어난 나무들이 본격적으로 여름에 성장하기 때문이다. 성장하는 나무에 스트레스를 주면 살아나더라도 겨울을 나기 힘들다. 그래서 나무는 봄이나 초가을에 심어야 한다.

장터를 돌아다니면서 장사하는 사람들이 나에게 나무를 구매해 갔다. 그런 그들이 하나같이 하는 말은 여름에는 팔 나무가 없어 장사를 못 하니 힘들다는 것이었다. 이 점을 고민하다가 나는 봄에 땅에 심을 나무를 화분에 심어보기로 했다. 땅이 아니라서 잘 될지 확신이 없었지만, 여름쯤 되니 팔 수 있을 정도로 잘 자랐다.

원래부터 화분에서 자랐으니 옮겨도 스트레스가 없었다. 장터에서도 판매가 잘된다고 해서 나무 종류별로 화분에 심어서 키웠다. 땅에 심긴 나무보다 값도 더 많이 받을 수 있었다. 그렇게 하는 곳이 주변에 없으니 상인들은 나에게서 나무를 살 수밖에 없었다. 비수기인 여름에도 수익이 생긴 것이다.

만약 주변 사업장처럼 원래 비수기라 그렇다고 치부해버렸다면, 이런 아이디어는 얻어낼 수 없었을 것이다. 장사하는 사람들의 말을 무시했으면 잠시라도 좋은 결과를 얻지 못했을 것이다. 나는 사람들의 이야기를 귀담아듣고 그것을 해결해주고 싶었다. 그것이 아이디어의 시작이었다. 연구원처럼 연구실에서 각종 도구로 실험해서 좋은 아이디어를 얻을 수도 있을 것이다. 하지만 시작부터 거창할 필요는 없다. 주변 사람들이 불편해하는 부분을 유심히만 눈여겨봐도 된다. 그러고는 거기에 자신이 해결해줄 수 있는 부분이 있는지 고민해보는 것이다.

당신의 생각과 아이디어가 반드시 세상을 바꿀 것이다.

04 창업은
스펙이 없어도 할 수 있다

취업을 희망하는 사람이라면 누구나 삼성전자에 들어가고 싶어 한다. 국내 1위 기업이자, 세계적으로도 최고의 기업이기 때문이다. 그런 만큼 입사하기란 하늘의 별 따기다. 기본적으로 갖춰야 할 스펙도 대단하다.

2022년 하반기 3급 신입사원 채용공고에 공개된 삼성전자의 채용 절차를 보면 이렇다. 먼저 지원서를 접수한다. 그리고 직무 적합성 평가, 직무 적성 검사, 면접, 건강검진 등 수많은 절차를 거치고 나서야 채용이 이루어진다. 특히 기본적인 지원서 접수 기준도 나와 있다. 대학 졸업장은 물론이고, 직무별로 영어 회화 최소 등급과 전공을 엄격하게 적용해서 모집한다.

반면 초등학교 졸업이 스펙의 전부인 인물이 국내 대기업을 창업한 사례가 있다. 바로 현대그룹을 창업하고 초대 회장이 되었던 고(故) 정주영 씨다. 당시 정주영 회장의 스펙은 송전공립보통학교 졸업, 즉 현재 기준 초등학교 졸업이 전부인 셈이었다. 이런 스펙에 불과하지만, 현재 그를 깔보거나 가방끈이 짧다고 무시하는 사람은 없다. 대신 많은 기업인과 국민이 그를 그리워하고 존경한다. 유튜브에서는 지금도 정주영 회장의 연설 영상을 띄우면서 기업가 정신을 고취하고 있다.

여기서 나의 스펙을 공개하려 한다. 공개한다는 말조차 부끄럽지만 말이다. 나의 스펙은 대학교 수업을 딱 한 번 듣고 포기한 고졸이다. 고(故) 정주영 회장보다는 높지만 지금 시대의 기준으로는 너무 초라한 스펙이다. 회사에서 요구하는 스펙이 없으니 나는 취업이 너무나도 힘들 것이라 여기고 있었다. 2003년 12월에 입대할 때부터 전역 후를 걱정했다. 전역하면 나의 학력으로는 아무것도 할 수 없다는 생각이 들었기 때문이다. 전역 후 취업할 자신이 없어서 나는 부사관에 지원했다.

취업하려면 회사가 원하는 조건에 나를 맞춰야 한다. 하지만 부사관은 몸만 튼튼하면 지원할 수 있었다. 내가 부사관에 지원했을 때 지원금으로 700만 원을 받았다. 대신 무조건 4년간은 의무적으로 복무해야 했고, 회사처럼 정해진 시간에 출근해야 했다. 일반 회사보다 군대에는 엄격한 규율이 있고, 각종 검열과 훈련도 소화해야 했다. 출퇴근을 선택할 수 있지만 대부분 군부대 안의 간부 숙소에서 지낸다. 일상생활을 영위할 자유가 거의 없는 셈이다.

하지만 매월 월급도 나라에서 꼬박꼬박 나오고 안정적이라는 생각은 들었다. 치열한 취업 시장에서 쉽게 일자리를 구했다는 생각에 엄청나게 기뻐했다. 앞으로 치를 엄청난 대가를 예기하지 못한 채 마냥 좋아만 했었다.

좋은 감정은 아주 잠시였다. 부사관을 하면서 큰 대가를 치렀다. 나의 20대가 허망하게 사라진 것이다. 많은 것에 도전하며 즐겨야 할 20대를 허무하게 잃고 나니 30대만큼은 지키고 싶었다. 매번 똑같은 삶이 싫었고 벗어나고 싶었다. 그렇게 2012년 3월, 나는 8년 만에 부사관을 그만두고 사회로 나왔다. 그러면서 느낀 것이 있다. 누군가가 만들어놓은 틀에 나를 가두고 살면 시간이 반드시 복수한다는 것이다.

700만 원의 돈과 8년의 세월이 내게 가한 복수는 너무나 가혹했다. 나의 30대를 지키기 위해서라며 준비 없이 부사관을 그만둔 탓에 할 수 있는 것이 없었다. 나를 위해 쓴 시간이 없으니 시간도 나의 편이 아니었다. 나는 점점 초조하고 불안해졌다. 친구들이나 주변 사람들은 하나씩 자신의 자리를 잡아 나가는데, 나는 사회에서마저 나의 시간을 지키지 못할 것 같아 두려웠다. 뭘 하고 싶은지 감조차 잡히지 않아 나는 바로 할 수 있는 일을 선택했다.

당시 우리 아버지는 소규모로 조경사업을 하고 계셨다. 그런 아버지께 사업을 물려받고 싶다고 했다. 지금에서야 말하지만, 그것은 내 마음이 시켜서 한 선택이 아니었다. 아무것도 하지 않으면 또 시간을 낭비할까 봐 두려워 뭐라도 해야 한다는 생각에 한 선택이었다. 사업자등록도 직접 하고 제대로 잘 해보려 했으나 잘 안 되었다. 오히려 빚만 늘어 갔다.

자신을 위해 시간을 쓴 게 아니라 현실에서 도피하기 위해 시간을 쓴 탓이었다. 아버지가 하던 사업에 억지로 나를 끼어 맞췄다. '세 살 버릇 여든까지 간다'라는 속담이 딱 들어맞은 셈이었다. 한 번 더 나를 타인의 삶과 공간에 맞추며 나는 편안함을 느꼈다. 당장은 고통스러워도 시간을 내 편으로 만들기 위해 더 고민하고 노력했어야 했지만, 나는 익숙한 편안함에 취해갔다. 그렇게 다시 5년이란 시간이 흘렀다. 30대의 절반이 지나가고 있었다. 시간의 복수는 아직도 계속되고 있었다.

사람들이 크게 착각하는 부분이 있다. 공부나 스펙을 쌓는 시간이 가치 있다고 믿는다는 점이다. 물론 공부해서 나쁠 것은 없다. 공부하면서 지식도 쌓고, 몰랐던 부분을 알아가는 보람도 있다. 좋은 책을 많이 읽고 익히면 그만큼 성장도 한다. 성장하는 만큼 좋은 직장에 취직할 확률도 높아진다. 그렇다면 여기에서 한 가지 질문을 하겠다.

"자신이 공부하고 스펙을 쌓는 데 쓴 시간에 대한 보상을 원하는가?"

이 물음에 사람들 대부분은 보상을 원한다고 답할 것이다. 내가 회사에 입사하기 위해 쓴 시간이니 당연히 보상해줘야 한다고 생각하는 것이다. 하지만 회사는 그 시간에 대해 보상하지 않아도 된다. 이유는 간단하다. 취직을 위해 공부하고 스펙을 쌓은 것이지, 회사에 도움이 되고 이득을 주려고 한 공부가 아니기 때문이다. 일자리를 구하고 월급을 받기 위한 공부였기 때문이다. 이것이 많은 회사가 나라에서 정한 최저시급을 기준으로 직원들에게 보상해주고 있는 이유다.

회사는 꼭 필요한 사람은 공개채용을 통해 찾지 않는다. 직접 모시러 간다. 그 사람을 얻기 위해 수단과 방법을 가리지 않는다. 회사에 이익을 가져다주고 발전시켜줄 사람인 만큼 돈은 얼마든지

준다. 월급뿐만 아니라 그 사람에게 드는 모든 비용을 회사가 지불한다. 심지어 대기업은 학교와 연계해서 필요한 교육을 받은 인재를 미리 확보한다. 신입사원을 채용해 다시 교육하는 것보다 훨씬 효율적이기 때문이다. 신규 채용은 회사에 필요한 최소한의 인력을 보충하는 수단일 뿐이다.

우리는 초·중·고등학교 총 12년에 더해 4년간 대학교에서 더 공부한다. 거기에 회사가 원하는 조건에 맞추기 위해서 최소 2~3년은 더 공부한다. 대기업이나 꿈의 직장에 취직하려면 추가로 더 공부해야 하기 때문이다. 공부하고 스펙만 쌓으며 20년의 세월을 낭비하는 셈이다. 그만한 시간과 노력을 들인 만큼 취업이라도 되면 좋겠지만, 내가 진정으로 원하는 직장은 어디에도 없다. 언제까지 세상의 기준에 맞춰서 살아가야 할지 심각하게 고민해봐야 할 시점이다.

여기서 당신의 경험이 직업이 되고 보람이 되는 방법이 있다. 바로 창업이다. 창업은 내가 가진 아이템이나 하고 싶은 일로 사업을 시작하는 것이다. 회사에 취업할 때처럼 스펙을 따지지 않는다.

사업을 하려면 사업자등록을 해야 한다. 미성년자도 부모님이나 법정대리인의 동의만 있으면 가능하다. 다른 조건은 아무것도 필요 없다. 다만 법인사업자는 등록비용 등 소정의 비용을 지불해야 한다. 나이, 성별, 학벌, 스펙 등과 같은 조건들은 필요하지 않다. 가진 경험이 없어도 원하면 언제든지 시작할 수 있는 것이 창업이다.

예전에는 창업하려면 많은 돈이 필요했다. 거창한 외관의 공장과 직원도 많이 있어야 했다. 하지만 이 시대의 창업은 무자본 창업, 1인 창업, 온라인 창업 등 돈이 거의 들지 않는다. 손쉽게 창업할 수 있는 구조가 마련된 셈이다. 사업장을 따로 마련하지 않아도 된다.

집에서 스마트 기기 하나로 모든 것이 가능한 시대이기 때문이다. 더구나 세상 사람 모두가 만족하는 제품을 제공하지 않아도 된다.

세계 스마트폰 1위 기업인 애플의 아이폰도 모든 사람이 사용하지는 않는다. 모든 상품과 제품에는 마니아층이 존재한다. 사람들은 자신만의 특별한 상품과 서비스를 받고 싶어 한다. 예전처럼 다수에게 박리다매로 판매하는 시대가 아닌 것이다. 요즘 사람에게는 자신의 문제를 해결해주는 것이 최우선의 조건이기 때문이다. 그 대상은 대기업이든, 일반 개인이든 전혀 상관없다. 과거에는 전문가에게 조언을 구했다면, 지금은 구글이나 네이버로 먼저 검색해본다. 그렇게 찾은 정보로 많은 것을 해결한다.

지금 시대가 요구하는 것은 정형화된 상품과 제품이 아니다. 사람마다 가지고 있는 그만의 경험, 비결, 상황을 원한다. 나와 비슷한 사람이 어떻게 문제를 극복하고 해결했는지 배우고 싶어 한다. 보편성이 통하는 시대에서 개인 맞춤형을 넘어 개인 밀착형 시대가 되고 있다.

변화의 속도는 기업보다 개인이 빠르다. 개인의 빠른 변화에 대처하려고 많은 기업이 노력한다. 하지만 모든 개인의 특성을 반영하는 데는 역부족이다. 코로나19 이후 삶의 시스템이 갑자기 바뀌면서 혼란이 왔다. 이럴 때는 그 혼란을 극복하거나 적응해야 한다. 변화하는 시대에 빨리 대응해야 한다. 어떤 단체나 틀에 끼여 변화에 대응하려면 어렵다.

과감히 틀을 깨고 나와라. 직업이란 틀에 당신을 끼워 넣으려 하지 말라. 회사가 원하는 사람이 되기 위해 노력하지 말고 당신만의 직업을 창조해라. 당신만의 삶을 창조해라.

05 아이디어만 있다면 누구나 창업할 수 있다

2022년 9월에 서울 강동구청 근처로 A대표를 만나러 갔다. 회사 동료로부터 소개받은 A대표는 당시 홍삼 제조업 회사를 운영했다. 많은 기업의 대표들이 사업 확장에 집중하다가 기업운영까지는 신경 쓰지 못한다. A대표도 기업운영 중에 잘못되어 피해 본 부분이 있어 수정해줬다. 그때 시작된 인연으로 지금까지 자문하고 있다. 1991년생인 대표는 사업수완과 마인드가 아주 좋다. 나이는 어리지만, 만날 때마다 배우는 것이 많다. 홍삼 제조업을 운영할 때 홍삼 판매 방법을 들었는데 아주 기가 막혔다.

보통 판매 전에 제품부터 완성한다. 제품 포장부터 구성까지 완성하고 광고 후 판매한다. 하지만 A대표는 발상을 전환해서 판매부터 진행했다. 제품 포장과 구성의 설계도를 고해상도 3D로 만들었다. 주재료인 홍삼원액은 샘플로 제조해서 고급스러운 용기에 담은 후 위탁판매 업체를 찾아갔다. 위탁판매 업체에 제품의 포장과 구성은 태블릿 PC로 보여주고, 주재료 홍삼원액은 그 자리에서 맛보게 했다. 그 결과 20만 개의 제품을 완성품이 나오기 전에 완판했다고 한다.

A대표는 여기서 그치지 않았다. 완성품이 나왔을 때 부족한 부분은 바로 파악해서 수정하고 보완했다. 한발 빠르게 움직인 결과 품질 좋은 완성품이 나왔다. 시작은 역발상으로 판매부터 시작했지만, 품질과 완성도까지 두 마리 토끼를 다 잡은 것이다.

대부분의 사람은 완벽하게 제품을 만들고 판매를 하려고 한다. 제품만 완벽하면 판매가 자동으로 된다고 착각을 한다. 완벽함을 추구하기보다는 미약하더라도 시작을 먼저 해야 한다. A대표는 부족한 부분은 수정과 보완을 통해서 완성해나갔다. 그 결과 홍삼 제조에 대한 특허까지 취득하게 되었다. 현재는 경영능력, 마케팅 능력을 인정받아 4차 산업 관련 기업에 스카우트되었다. 해당 기업 계열사 중, 마케팅 및 광고 분야 대표이사를 맡고 있다.

대통령 직속 4차 산업혁명 위원회는 성인 2,000명을 대상으로 4차 산업혁명 체감도를 조사했다. 조사결과 체감도는 코로나19 전 52%에서, 후에는 73%로 나타났다. 코로나19로 인해 4차 산업혁명의 체감도가 훨씬 커진 것이다. 비대면, 디지털전환에 대한 필요도 또한 급격하게 증가했다. 특히 의료 분야에 대한 비대면 전환이 급속도로 이루어지고 있다. 비대면 원격 진료를 도입하고 처방된 약도 배달되는 시스템이 만들어졌다. 코로나19로 인한 특수한 상황이지만, 이전에는 전혀 생각지 못했던 모습이다.

의료 분야 외에도 일상생활에도 변화가 찾아왔다. 대표적으로 식생활에서 큰 변화가 찾아왔다. 외식문화가 줄어들고 간편식과 건강식을 찾는 비중이 높아졌다. 더구나 배달음식에 대한 수요도 폭발적으로 증가했다. 이때 급격하게 성장한 업종이 배달대행업이다.

내가 기업경영 자문을 하는 B대표는 배달대행업을 운영 중이다. 같은 사무실에서 일하는 팀장님 소개로 알게 되었다. 이 기업은 코로나 때 수요가 폭발하면서 엄청난 성장을 했다. 개인사업자로 시작을 했지만, 각종 세금과 안정적인 관리를 위해 법인사업자로 전환을 했다. 그 후 법인사업 운영에 대한 경험이 없어서 도움을 요청했고, 기초적인 부분부터 자문하고 있다.

지금은 200명에 가까운 배달기사를 보유하면서 한 지역 전체의 1등 배달대행 업체로 성장했다. 그러자 수많은 배달대행 프로그램 업체들이 B대표에게 프로그램을 공급하기 위해 혈안이 되었다. B대표는 코로나19를 예상하고 사업을 시작한 것은 아니다. 하지만 1인 가구가 늘어나고 배달문화가 발달하면서 사업의 가능성을 봤다. 거기에 코로나19와 같은 특수한 상황까지 겹치면서 대박이 난 것이다.

남들보다 탁월한 기술이 있으면 너무나 좋다. 하지만 시대의 흐름에서 아이디어를 찾는 것도 하나의 방법이 될 수 있다. 중고거래를 하는 사람이라면 '당근마켓'을 다 알 것이다. 당근마켓은 사내게시판에서 직원끼리 중고거래를 하는 것에서 아이디어를 얻어서 시작되었다. 새벽배송으로 유명한 '마켓컬리'는 평소 장을 보면서 불편했던 경험을 직접 해결해보겠다는 생각이 사업의 시작이었다.

지금은 두 기업 모두 유니콘기업으로 성장했다. 유니콘기업이란 기업가치가 1조 원 이상인 비상장기업을 말한다. 아무리 위대

하고, 가치가 높은 기업이라도 아주 사소한 생각에서 시작된다. 생각 자체를 기록하는 습관을 지녀야 한다. 기록해야 아이디어가 되는 것이다.

정부는 다양한 분야 창업을 지원하는데, 사업자등록이 없는 사람도 지원받을 수 있다. 예비창업자들에게 사업자금을 지원해준다는 것이다. 바로 중소벤처기업부에서 주관하는 '예비창업패키지'사업이다. 매년 2월 말에 공고가 나오고, 3월 중순까지 모집하며, 당해 5월 말에 최종 선발을 한다. 특징은 공고일 전까지 사업자등록증이 없거나 폐업이 완료되었어야 신청할 수 있다. 보통 사업자등록을 하고 운영해야 지원해주는 다른 사업과는 대조적이다. 창업하고 싶은 아이템을 선정하고 사업계획서를 작성해서 지원하면 된다.

매년 1,200~1,300명 정도를 선정한다. 선정 인원 중 60%는 청년, 40%는 중장년으로 선정한다. 청년은 만 39세 이하, 중장년은 만 40세 이상을 말한다. 지원이 가능한 업종은 유흥업종과 사행시설을 운영하는 업종이 아니면 모두 가능하다. 신청 분야는 특화 분야와 일반 분야로 나뉜다. 특화 분야는 소셜네트워크 벤처, 여성, 바이오, 핀테크, 무인이동체(자율주행, 드론) 등이 있고 매년 조금씩 변경이 된다. 나머지 분야는 일반 분야로 보면 된다.

평가는 총 2단계로 이루어진다. 첫 번째 단계는 서류평가다. 공고문에서 제공되는 양식에 맞춰 예비창업자가 작성한 사업계획서로 평가를 한다. 서류평가 시 가점사항도 있는데 이 부분에 해당하는 항목이 있으면 반드시 증빙자료를 제출해야 한다. 보통 선정 규모에 2배수를 선정하고, 서류평가 통과자를 대상으로 신청 자격 확인서류를 제출받는다. 제출받은 서류를 검토 후 자격 위반 사항이 있으면 발표평가에서 제외시킨다.

두 번째 단계는 발표평가다. 창업 아이템 개발 동기와 목적, 개 발 방안, 사업화 전략 등을 종합적으로 평가한다. 발표평가는 반 드시 대표가 참석해야 한다. 평가 항목은 총 4가지 항목이 있고, 항목별 점수가 존재한다. 문제인식 35점, 실현 가능성 35점, 성장 전략 15점, 팀 구성 15점으로 점수가 구성된다. 항목별 평가 배점 에 60% 미달하는 점수를 받으면, 종합 평가점수와 관계없이 선정 에서 제외된다. 최종선정은 발표평가 점수 고득점자순으로 선정 해 정부지원금을 배정한다.

사업에 선정된 예비창업자에게는 다양한 혜택이 크게 3가지가 있다. 첫 번째는 사업화 자금을 지원한다. 지원금액은 평균 5,000 만 원 정도고, 선정평가 결과에 따라 최대 1억 원까지 지원하기도 한다. 시제품 제작, 인건비, 외주 용역비, 특허권 취득비용 등 사업 에 필요한 부분에 사용하면 된다.

두 번째는 창업교육을 지원한다. 창업에 필요한 기초지식이나 사업계획서 작성방법, 사업 아이템 찾는 방법 등 다양한 분야를 교육한다. 온라인 교육과 오프라인을 통해 총 40시간의 교육을 하고, 협약 기간에 반드시 이수해야 한다. 이론적인 교육도 있지 만, 선배 창업자나 투자자와 만남을 통해 배우는 교육도 있다. 주 관기관을 통해서 다양한 인적관계나 네트워크 형성도 가능하다.

마지막으로 1:1 전문 멘토링 서비스도 지원한다. 창업해서 기 업을 운영하다 보면 많은 어려운 일들이 생긴다. 그때 전문가의 조언은 아주 큰 힘이 된다. 창업 및 경영 전문가를 전담 멘토로 지정해, 창업 활동 전반에 대한 밀착서비스를 진행하는 것이다. 전담 멘토 외에도 필요하면 기술이나 시장 분석 등 분야별 전문가를 활용할 수도 있다. 창업 후 사업을 확장하기 위해 기계를 산다거나 직원을 더 고용하면 정부에서는 또 지원금을 준다. 아이디어를 아이템으로 만들고 사업만 하면 된다.

아이디어만 있으면 정부에서 적극적으로 지원을 해주는 시대다. 그 규모는 매년 점점 늘어나고 있다. 고용노동부가 발표한 2023년 일자리 예산안 발표에 따르면, 전체적인 예산은 2022년보다 1조 5,000억 원이 줄어든 30조 원으로 책정되었다. 하지만 창업지원 예산은 2022년 2조 8,376억 원에서 2023년은 2조 9,397억 원으로 3.6% 증가했다. 창업을 더욱더 권장한다는 것이다.

이런 시대에 여전히 직장에 머물러서 회사에서 주는 월급으로 만족하고 싶은가? 아니면 주도적으로 내 아이디어로 창업해 사업을 확장하고 월급을 주는 사람이 되고 싶은가? 선택은 당신의 몫이다.

취업보다 쉬운 창업을 왜 하기 힘들어할까?

아무리 노력해도 통제하지 못하는 상황이 있다. 코로나19 상황이 대표적이다. 예상도 못하지만, 예상해도 해결할 수 없다. 전 세계의 경제가 코로나19로 인해서 무너졌다. 다행히 조금씩 일상을 회복하고 있지만, 이전으로 완전히 돌아갈 수 있을지는 미지수다. 2년을 훨씬 넘겨 계속되고 있는 코로나19 시대는 우리의 생활패턴을 완전히 바꿔 놓았다.

먼저 바이러스 전파를 막기 위해 마스크를 써야 해서 서로의 표정을 살필 수 없다. 대면 사업은 거리두기로 인해 궁지로 내몰렸다. 특히, 소상공인과 자영업자들이 많이 분포하고 있는 요식업, 서비스업이 가장 큰 타격을 받았다. 거리에 사람이 없으니 장사가 전혀 되지 않았다. 하루하루 벌어야 하는 처지인 사람들에게 3년은 너무나 길고도 가혹한 시간이었다. 폐업하는 소상공인과 자영업자들은 셀 수도 없이 늘어났다. 정부가 이들을 도우려고 지원금을 풀었지만, 턱없이 부족한 액수다.

나는 이런 사회적인 분위기를 직접 느끼고 있었다. 코로나19로 인해 소득이 줄고 생활이 힘들어지면 가장 먼저 보험료를 줄인다. 보험료를 줄이는 방법을 문의하는 전화가 끊임없이 이어졌다. 그중에는 전문직인 의사나 약사도 있었고, 기업을 운영하는 대표도 있었다. 직종을 가리지 않고 너무나도 힘든 시간을 버티고 있는 셈이다.

취업은 매년 힘들어지고 있다. 누구나 원하는 대기업이나 공기업은 경쟁이 너무 치열하다. 운 좋게 합격한다고 하더라도 원하는 나이까지 정년이 보장되지 않는다. YTN 뉴스 보도에 따르면 직장인이 체감하는 정년퇴직 나이는 평균 51.7세로 나타났다. 중소기업으로 갈수록 이 정년퇴직의 나이는 점점 빨라진다. 100세 시대인 만큼 퇴직 후에도 2차 직업을 가지지 않으면, 나머지 50년의 인생마저 위협받게 된다.

게다가 50대의 나이에 퇴직한 사람을 채용하는 회사는 거의 없다. 채용된다고 하더라도 단순노동이거나 생산직일 확률이 높다. 그마저도 구할 수 있으면 다행이라고 생각하는 사람들이 많다. 당장 먹고살아야 하기 때문이다. 하지만 일자리를 구하기보다 더 쉬운 방법이 있다. 일자리를 만드는 창업을 하는 것이다.

내가 자문하는 기업대표도 자신만의 노하우를 살려 창업했다. 이 대표는 프로젝트에 필요한 프로그래머를 중간에 연결해주는 아웃소싱 플랫폼을 운영하고 있다. 그는 7년 전에 IT 아웃소싱 영업 총괄로 근무하면서 다양한 경험을 쌓을 수 있었다. 그러다 기존 IT 아웃소싱 업체가 단순히 중개업무만 진행한다는 문제점을 발견했다. 프로젝트에 대한 전체적인 관리나 체계가 없었던 것이다. 그는 이것을 플랫폼으로 관리하면 좋겠다고 생각했다.

그는 처음에 단순히 돈을 벌기 위해서 취업했다. 취업해서 일하다 보니 업계를 보는 눈이 생겼고, 아이디어가 떠올랐다는 것이다. 2020년 10월에 창업한 이 기업은 2022년 전반기에만 매출이 8억 원이다. 연말까지 매출 12억 원을 목표로 하고 있고, 투자 유치도 진행 중이다.

여기서 주목해야 할 점은 직장 일을 하다 보면 반드시 노하우가 생긴다는 것이다. 그는 그 노하우를 바로 사업화하고 창업해서 성장 중이다. 자신이 하는 일에 조금의 아이디어만 더하면 창업 아이템은 무궁무진하다. 창업을 선택한 사람들이 많이 실패하는 이유는 단순하다. 경험이 전혀 없는 분야에 도전하거나 잘못된 조언을 듣고 창업하기 때문이다.

나는 보험설계사를 하면서도 나의 강점을 만들고 싶었다. 하지만 고졸 학력이고, 스펙이라고는 전혀 없는 내가 할 수 있는 것은 거의 없었다. 오랜 고민을 하다가 생각난 것이 바로 책이다. 책으로 나의 가치를 높이는 퍼스널 브랜딩을 하고 창업을 하면 좋겠다고 생각했다.

무언가를 배우고 성장할 때 내 곁에는 항상 책이 있었다. 그리고 책을 쓴 사람들은 항상 대단하다고 생각했다. 만약 내가 이런 책을 쓸 수 있다면 어떨지 생각해봤다. 나도 전문가로 인정받거나 누군가에게 도움을 주는 사람이 될 수 있을 것이라고 생각했다. 그리고 내가 배운 것을 표현하고 기록을 남기고 싶은 욕망도 컸다.

나는 욕망이 이끄는 대로 책을 써보기로 했다. 책을 쓰는 방법과 원고를 쓰는 방법에 대한 책이 많이 있었다. 관련된 도서나 전자책을 닥치는 대로 구매했다. 수많은 책 쓰기 방법이 있는 책을 읽어 봤지만 거의 똑같은 내용이었다. 너무 낡은 내용으로 가득했다. 내가 알고 싶었던 것은 책을 쓰는 구체적인 방법과 출판사가 좋아하는 책을 쓰는 방법이었다. 이유는 결국 출판사에서 원고를 선택해줘야 출간이 되기 때문이다.

책 쓰기 방법이 나와 있는 단순한 책으로는 시작조차 할 수 없었다. 거의 포기 상태로 있다가 우연히 책 쓰기 특강을 보게 되었다. 그런데 특강 강사의 이력이 놀라웠다. 24년 동안 300권의 책을 기획 및 집필했고, 11년간 1,100명의 작가를 배출했다는 것이다. 나는 어이가 없었다. 책을 한 권을 쓰려면 최소 1~2년 이상 걸린다고 알고 있었던 나에게는 큰 충격이었다. 게다가 1,100명의 작가를 배출했다고 하는데, 도저히 믿을 수 없었다. 너무 과장된 이력이라 생각했다.

하지만 책 쓰기에 대한 욕망은 점점 커졌다. 이왕이면 많은 책을 집필하고, 작가를 양성하는 사람에게 똑바로 배우고 가르침을 받고 싶었다. 그래서 해당 강사가 운영하는 '한국책쓰기강사양성협회(이하 한책협)' 네이버 카페에 가입하고 특강과 1:1 컨설팅을 신청했다. 화려한 이력의 강사는 김태광 대표님이었다.

2022년 8월 2일 오후 3시에 대표님을 직접 뵐 수 있었다. 특강 후 한 시간이 넘는 시간 동안 1:1 컨설팅을 해주셨다. 책 쓰기에 대한 부분만이 아니라 앞으로 사업을 구상하고 실행하는 방법도 말씀해주셨다. 그리고 마음가짐과 행동을 어떻게 해야 성장할 수 있는지 진심으로 코칭해주셨다. 단순히 책 쓰기만 배우려고 특강에 참석했는데, 인생의 멘토를 만났다는 느낌이 강하게 왔다.

그래서 책 쓰기뿐만 아니라 부자의 생각과 마인드를 배워 성장하고자 김태광 대표님께 가르침을 요청했다. 당시에 바로 참여할 수 있는 과정이 없어서 기다려야 했는데, 대표님께서 특별히 빠른 합류를 허락해주셨다. 덕분에 2022년 8월 22일에 책 쓰기 과정 수업을 시작했다. 책의 기획과 주제, 제목과 목차를 만드는 방법을 직접 코칭해주셨다. 그리고 서론, 본론, 결론 쓰는 방법, 사례 찾는 방법, 원고 탈고하는 방법, 출판사를 정하고 원고를 보내는 방법까지 모두 알려주셨다. 책을 쓰는 방법부터 출판하는 방법까지 어느 하나 빠지는 부분이 없었다.

24년의 모든 노하우를 총 5주 동안 단계별로 배워나갔다. 한 주가 지날수록 책의 구성이 하나하나 완성되고 있었다. 책 쓰는 방법이 적혀 있는 책을 보더라도 시작조차 할 수 없었는데 정말 신기했다. 대부분 제목을 정하는 것만 몇 달이 걸린다고 한다. 하지만 나는 한책협에서 배운 노하우를 바탕으로 5주 만에 제목은 물론이고 목차, 콘셉트까지 모두 완성이 되었다. 시키는 대로 실행하니 결과가 바로 나온 것이다.

가르쳐준 대로 열심히 원고를 쓰고 있었던 2022년 9월 21일에 김태광 대표님께 카톡이 왔다. 출판사에서 계약을 하고 싶다고 연락이 왔다는 것이다. 나는 카톡을 다른 사람에게 잘못 보낸 것으로 착각을 했다. 믿어지지 않았기 때문이다. 그것도 김태광 대표님께서 알려주는 방법으로 작성한 제목과 콘셉트 그대로 계약하자고 했다. 그때 정해진 제목이 '나는 자본금 0원으로 창업했다'였다.

김태광 대표님께 가르침을 받아 실행했을 뿐인데 한 달 만에 출판사와 계약을 한 것이다. 너무나 떨렸고 가슴이 벅차올랐다. 정말 현실이 맞는지 몇 번이고 다시 확인했다. 대표님도 진심으로 축하해주셨다. 나를 위한 기도도 많이 했다고 하셨다. 그리고 출간계약서 작성 시에 주의해야 할 사항을 직접 살펴보시고 알려주셨다. 세심한 배려와 가르침에 감동했고 정말 감사했다.

무언가를 혼자 하려고 하면 시간이 너무 많이 든다. 나는 책을 혼자 써보려고 1년 이상 노력을 했는데 시작도 못 했다. 그러다가 김태광 대표님이라는 귀한 스승을 만났다. 앞으로 몇 년이 걸릴지 모르는 책 쓰기를 단시간에 완성할 수 있었다. 그리고 책 쓰기뿐만 아니라 창업에 대한 조언과 사업구상에 대한 가르침도 받고 있다. 이유는 직장인에 머무르고 싶지 않고 사업가가 되고 싶기 때문이다.

나는 사람들에게 직장에 머무는 것이 더 큰 손실이 될 수 있다고 말하고 싶다. 중소벤처기업연구원 보고서에 따르면 국내 기업 5년 차 생존율은 29.2%다. 하지만 직장에서 평생 살아남을 확률은 0%다. 누구나 회사에서 어떤 식으로든 퇴사를 한다. 그마저도 자신이 원할 때가 아니라 회사가 정한 시기에 해야 한다. 30%의 확률과 0%의 확률, 어느 쪽을 선택해야 하는지는 너무 명확하다. 경제적 자유와 시간적 자유를 동시에 얻는 직장인은 아무도 없다.

내가 선택한 길을 온전히 책임지려고 할 때 기회는 반드시 온다. 당신에게는 이미 많은 경험과 지식이 쌓여 있다. 자신감을 가지고 당신이 하고 싶은 사업을 해라. 더는 소중한 시간을 낭비하지 마라. 직장에서 뛰쳐나와 도전하고 꿈을 펼쳐라. 만약 당신의 꿈과 도전을 응원하는 사람이 없다면 내게 연락해라. 내가 힘을 주겠다. 나는 언제나 당신의 도전과 꿈을 응원한다.

회사는 당신을 책임지지 않는다

나는 2012년 3월에 직업군인을 그만두었다. 그러고는 대구 달성군에 있는 자동차 부품 회사를 2개월 조금 안 되게 다닌 적이 있다. 준비 없이 전역한 터라 바로 할 수 있는 일을 찾다 생산직을 택하게 된 것이다. 그곳에서 1개월 정도는 자동차 부품을 생산했다. 그러다가 생산 부품의 품질을 검사하는 사람이 그만두어 내가 품질검사원으로 일하게 되었다.

당시 품질검사 반장이 검사 수량이 적어서 빨리 출하해야 한다며, 기본 검사과정 중 한 과정을 생략하도록 지시했다. 회사에 취직한 지 1개월밖에 안 된 신입인 나는 시키는 대로 했다. 기본 검사과정을 생략한 만큼 당연히 문제가 생겼다. 부품을 공급받은 회사에서 불량으로 판별해 납품이 취소된 것이다.

그러자 회사 감사원이 품질검사를 한 나를 포함해 총 3명을 감사실로 불러 누구의 책임이냐며 질책했다. 억울한 마음에 품질검사 반장에게 따지니 언제 그랬냐며 발뺌했다. 회사도 이제 1개월 된 신입사원의 말을 신뢰하지 않았다. 오히려 손해배상을 해야 하지만, 품질검사 후 다시 납품하는 것으로 마무리되어 경고로 끝낸다고 했다. 그날 이후 나는 회사를 그만두었다. 직업군인 이후에 사회 첫 직장은 그렇게 끝이 났다.

요즘은 코로나19로 인해 사람들이 겪는 불합리함이 더 심각한 상황이다. 검색사이트에 '해고', '희망퇴직'을 검색하면 관련 뉴스가 수십 개씩 쏟아진다. 영국의 엘리자베스 2세(Elizabeth II) 여왕 사망 후 즉위한 찰스 3세(Charles Windsor)는 즉위 직후 왕실 직원 100명을 해고했다. 월가 최대 투자 은행 중 하나인 골드만삭스도 직원 수백 명을 감원할 계획이다.

근로기준법으로 인해 무작위 해고가 불가한 국내에서도 대기업을 필두로 희망퇴직을 종용하고 있다. 그 이유는 다음처럼 간단하다. 먼저 회사는 결국 수익을 내야 살아남는다. 수익이 나지 않으면 회사는 무너진다. 수익을 내려면 물건을 더 많이 팔거나 원가를 절감해야 한다. 그중 가장 비싼 원가는 인건비다.

아이러니한 것은 원가 절감을 위해 인건비는 줄이면서도 기계는 더 많이 들여온다는 것이다. 기계는 아무리 일을 많이 시켜도 불만이 없다. 24시간 일을 시켜도 추가수당을 주지 않아도 된다. 감정 소비를 할 필요도 없다. 회사 측에서 보면 복덩이다. 거기다가 AI(인공지능) 기술이 발전하면서 사람만 할 수 있었던 일을 기계가 대신하고 있다. 최근 미국에서 열린 미술 전시회에서 AI가 만든 작품이 우승했다는 소식도 들려온다. 예술 분야에까지 AI가 파고드는 셈이다.

이런 상황임에도 많은 사람이 직장을 포기하지 않는다. 가슴 한편에 항상 사직서를 넣고 다니지만, 막상 사직서를 제출하는 사람은 없다. 다양한 걱정 때문이다. 그중 가장 큰 걱정은 돈 걱정이다. 당장 생활비, 카드값, 대출이자 등 돈에 묶여 있는 노예신세인 것이다. 의미도 찾을 수 없는 직장을 계속 다니는 이유다. '내일이면 나아지겠지', '이렇게 노력하니까 회사는 나를 알아줄 거야!', '다음에 승진하면 내 삶도 더 좋아질 거야!'라며 자신을 위로하고 다독인다. 그만큼 당하고도 또다시 회사를 믿는 셈이다.

왜 이런 일이 반복될까? 불합리한 게 분명한데 왜 그 상황을 떨치고 나오지 못할까? 나는 우리가 받은 교육에서 그 답을 찾았다. 가정이나 학교에서는 이렇게 가르친다.

"공부 열심히 해서 좋은 직장에 취직해라."
"대학은 무조건 가라. 그래야 좋은 직장에 들어갈 수 있다."
"공무원이 최고다. 한 번 들어가면 평생직장이 될 수 있다."

기승전 좋은 직장이다. 나 또한 이런 말을 귀가 닳도록 들었다. 부모님도, 선생님도 모두 똑같이 말했다. 그런데 나는 공부를 열심히 하라는 말과 대학에 가라는 말이 너무 싫었다. 나는 고2 때 직업반을 선택해 기술을 배우고 돈을 벌고 싶었다. 그런 내 의견을 이야기했지만 전혀 통하지 않았다. 결국, 나는 원치 않는 대학에 갔고 하루 만에 포기하고 나왔다. 대학 등록금은 그대로 날아간 셈이다.

부모님과 학교 선생님 말씀대로면 대학을 가야만 무조건 좋은 직장에 취직할 수 있다. 하지만 현실은 반대다. 대학 선배나 주변

지인들의 말을 들어보면 대학 졸업장이 오히려 족쇄가 된다. 대학 졸업장은 누구나 가지고 있기 때문이다. 그러다 보니 기업은 다른 스펙을 원한다. 각종 자격증, 영어 능력은 기본이고 대기업에 지원하려면 유학은 필수가 되었다.

스펙을 다 맞춰도 기업은 기업대로 시험을 다시 본다. 그 시험에 통과하더라도 면접이 기다리고 있다. 마치 정수기 필터로 불순물을 거르는 것처럼 거르고 또 거른다. 그렇게 걸러서 바로 일을 시키는가? 그것도 아니다. 입사하면 기업이 지정하는 업무에 배정되고 일을 처음부터 다시 배워야 한다. 미친 듯이 스펙을 쌓고 공부했는데 써먹는 것은 아무것도 없다. 심지어 전공에 맞게 입사했는데도 전혀 다른 업무가 주어질 때도 많다. 어떻게든 회사에 적응해도 안정은커녕 경쟁과 눈치만 기다리고 있다. 일하기도 바쁜데 진급 경쟁에 상사 눈치까지 더해지면 정신적 피로는 상상할 수 없을 정도로 커진다.

이게 진정으로 좋은 직장인가? 너무 답답하지 않은가? 정신적인 보상은 바라지도 않지만, 그에 맞는 금전적인 보상이라도 충분하면 이해하기라도 하겠다. 이를 비웃듯 회사는 딱 정해놓은 월급만을 줄 뿐이다. 가끔 보너스도 주지만 그것도 1년에 한두 번일 뿐이다. 당신이 10억 원짜리 계약을 따내도, 당신의 기막힌 아이디어로 회사가 유명해져도 보상은 없다. 회사는 당신이 처음에 작성했던 계약서에 적힌 연봉, 월급만 줄 뿐이다. 일한 만큼 부자가 되는 구조가 아니라, 영혼만 좀먹는 구조다.

철 밥통이라던 공무원도 지금은 사정이 달라졌다. 너무 박봉이라 삶을 유지하기가 힘들기 때문이다. 그런 이유로 젊은 공무원들이 힘들게 시험에 합격해 들어오고도 자진해서 퇴사한다. 아르바이트보다도 못 번다는 현실에 허탈감을 느끼기도 할 것이다.

지금까지 우리는 공부를 열심히 해서 대학에 가면 좋은 직장에 들어갈 수 있다고 배웠다. 그런데 대체 그 좋은 직장은 다 어디로 간 것인가? 좋은 직장은커녕 제대로 된 직장이 있기는 한 것일까?

누군가가 만들어놓은 틀에 나를 짜 맞춰 넣는 것이 정말 올바른 삶일까? 어떻게 하면 회사의 눈 밖에 나지 않을지 눈치 보는 삶이 진짜 당신의 삶은 아닐 것이다. 각종 SNS에서는 행복한 삶을 사는 것 같은 사람들의 모습을 많이 볼 수 있다. 자신이 하고 싶은 일을 하고, 쉬고 싶을 때 쉬면서 삶을 즐기는 모습이다. 모두가 사실은 아니겠지만 화면 속의 그들은 행복해 보인다. 같은 시간을 보내는데 그들은 다른 공간에 있는 것 같다. 짜증이 나고 속이 너무 답답하다.

그 짜증과 답답함은 세상이 당신에게 보내는 신호다. 자신을 얽매고 있는 현실을 벗어나 원래의 꿈을 찾아서 떠나라는 아주 강력한 신호다. 나는 전역 후 첫 직장생활을 실패로 마감하고, 아버지가 운영하는 조경사업을 물려받았었다. 사업이라고는 하지만 자영업일 뿐이었다. 직원은 당연히 없었다. 혼자 모든 일을 다 해도 매월 손에 쥐는 돈은 250~300만 원 정도였다.

조경사업은 살아있는 나무를 다루는 일이라 매일 사업장으로 출근해야 했다. 한겨울에도 비닐하우스에 있는 나무들을 살피느라 출근해야 했다. 그렇게 정신없이 사업체를 5년 정도 운영했다. 그사이에 결혼도 했고 사랑스러운 딸도 태어났다. 그러다 혹시라도 딸이 아프면 어떻게 하나 싶었다. 보험이라도 하나 있어야 되겠다 싶어서 보험 일을 하는 동생에게 문의했다.

설명을 다 듣고 가입하려고 하는데, 동생은 이때까지 보험 일을 하는 사람과 다른 말을 해줬다. 나보다 다섯 살이나 어린 동생이 지만 일에 대한 의미와 목적이 뚜렷했다. 단순히 무언가를 팔아서 이득을 보려는 것이 아니었다. 나를 위해서 나의 전반적인 경제 상황을 잘 꾸려가도록 조언해줬다. 지금껏 이런 말을 해준 사람이 없어서 나는 동생이 너무나 고마웠다. 상담을 마치고 나는 동생에게 나도 그런 일을 배우고 할 수 있는지 물었다. 그때 동생이 했던 말이 아직도 생생하다.

"형님, 우리 회사에 취직했다고 무조건 월급을 받아야 한다는 생각은 버리세요. 이 일은 월급이 전혀 없어요. 다만 성과에 따라 버는 돈에 한계가 없을 뿐이에요. 회사는 돈을 벌도록 꾸준히 교육과 시스템을 제공합니다. 성과와 발전은 형님이 직접 이루어 내셔야 합니다. 당장 힘들어서 이 회사를 도피처로 생각한다면 오지 마세요."

동생은 단호하게 이렇게 말했다. 나는 이 말에 완전히 매료되었다. 하는 만큼 벌고, 하지 않으면 전혀 보상이 없다는 시스템이 좋았다. 답은 나와 있었다. 나만 잘하고 열심히 하면 되는 것이었다. 동생에게 내 의지를 전달하고 회사 지점장님과 면접을 봤다. 그리고 서울 영등포 신길동 원룸에 살면서 이 일을 시작했다. 회사가 나를 지켜줄 것이라는 환상을 버리고 나만의 삶을 살기 위한 선택을 했다.

2장

아는 사람만
정부사업지원금으로
창업한다

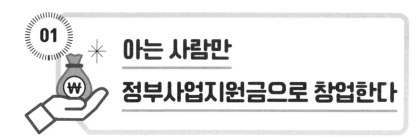

01 아는 사람만
정부사업지원금으로 창업한다

　나는 2013년부터 2017년 12월까지 조경사업을 했다. 사업하는 사람들이 항상 하는 걱정이 있다. 바로 돈 걱정이다. 사업체를 잘 운영하려면 업종에 대한 전반적인 이해와 지식은 필수다. 또한, 사업 계획도 철저하게 검토해서 미래도 대비가 되어야 한다. 하지만 이런 부분들이 모두 준비가 된다고 하더라도 사업을 운영할 자금이 없으면 시작조차 할 수 없다. 조경사업 특성상 살아있는 나무를 취급하기 때문에 다른 업종과는 달리 예비자금이 넉넉하게 필요하다.

　당시 사업장 위치는 경북 경산이었다. 경산에는 종묘 산업 특구가 조성되어 있었다. 종묘 산업 특구는 우량 묘목을 생산하는 단지다. 각종 묘목과 성목을 동시에 취급할 수 있고, 살 수 있다. 그리고 묘목을 직접 재배하는 농가와 직접 거래할 수도 있었다. 또한, 주변에 사업장이 많아서 급할 때 도움을 청하거나 각종 정보를 습득하기에도 좋았다.

묘목 단지는 매년 2월 말에서 4월 중순까지 대목이다. 묘목 물량이 부족하면 3월 말에 대목이 끝나는 때도 있다. 이유는 나무를 심기 가장 좋은 시기가 봄이기 때문이다. 경산 묘목 단지의 특징은 유실수, 즉 과일나무 묘목을 주로 취급한다. 80% 이상이 과일나무다. 과일나무 종류만 해도 품종까지 세세하게 들어가면 100가지는 족히 넘는다.

봄이 되기 전에 주변의 농민들과 접촉해서 각종 묘목을 확보해 놓아야 한다. 공산품처럼 100개, 200개 이런 식으로 확보하는 것이 아니다. 그 농민이 묘목을 재배하고 있는 밭 전체를 확보해야 한다. 그래야 가장 저렴하게 묘목을 확보할 수 있다. 하지만 나는 사업자금이 많이 없어서 1,000주 단위로 확보했다. 그러니 다른 사업장보다 20~30% 정도 비싸게 구매해야 했다. 1주당 1,000원이라고 가정하면 100만 원이다. 과일나무 품종을 50종만 준비해도 5,000만 원이 넘어간다.

거기에 사업장은 임차를 얻은 거라 임차료도 나가야 한다. 경비를 줄이기 위해서 혼자 일했지만, 대목 시기에는 혼자서는 감당할 수 없다. 그래서 사람을 채용해야 했는데 보통 2명을 일용직으로 채용했다. 당시에도 일당은 일반 근로자는 7만 원, 기술직은 10만 원을 줘야 했다. 거기에 점심이 되기 전과 점심 후에 간식을 제공해야 하고, 점심도 제공해야 한다. 돈이 없으면 아무것도 할 수 없는 구조였다.

아무리 이득이 난다고 하더라도 부가적으로 들어가는 비용이 너무 많았다. 내게 돌아오는 이득은 거의 없었다. 너무 답답해서 주변에 크게 사업을 하는 사장님께 찾아갔다. 거기에는 직원이 10명 정도 있었고, 사업장 규모도 엄청났다. 인건비만 해도 엄청났을 것 같은데, 사장님이 내게 정부에서 주는 지원금을 받고 있어서 부담이 덜하다고 했다.

이처럼 인건비에 대한 지원금도 있지만, 사업 시설에 대한 지원금도 있다. 앞서 10명의 직원에 대한 지원금을 받는 사장님을 소개했다. 그 사장님의 사업장 규모만큼 각종 시설도 많았다. 특히 묘목을 임시로 보관하는 창고가 여러 동이 있었다. 한 동마다 길이가 최소 80m에서 긴 것은 100m도 훨씬 넘었다. 넓이는 5t 차량이 들어가고, 보관 공간도 넉넉해야 하니 최소 10m 이상이 되었다. 이 정도 규모의 저장 창고를 지으려면 인건비와 재료비를 합쳐서 1,000만 원 이상의 돈이 든다.

이것도 정부에서 주는 시설 지원금을 받았다고 한다. 100%를 다 받은 것은 아니지만 70% 정도 지원받고, 나머지 30%는 자기부담금을 냈다고 했다. 또한, 예산을 집행하다가 예산이 남을 때에는 추가로 지원해주기도 한다는 것이다. 나는 당시에 고작 30평 정도의 비닐하우스를 설치하는 데 재료비 포함 300만 원 정도 비용이 들었다. 최대한 돈을 아끼려고 재료도 충분하지 않아서 기능과 내구성도 형편없이 약했다.

요즘은 예전보다 정보 공개가 잘되어 있고, 지원금에 관한 이야기도 자주 나온다. 특히 코로나19로 인해서 지원금에 관한 관심이 가장 많은 시기다. 고용노동부 보도자료에 따르면, 특수형태근로종사자 고용보험 가입자 수는 50만 명이다. 아직 가입하지 않은 수와 프리랜서까지 합치면 더욱 많을 것이다.

고용노동부 홈페이지에 6차 긴급 고용안정지원금 공고가 2022년 6월 7일에 공개가 되었다. 2022년 10월 3일 조회기준 299,487

명, 약 30만 명이 조회했다. 특수형태근로종사자 고용보험 가입자 수보다 현저하게 낮은 조회수를 기록했다. 더구나 코로나19 이전의 지원금에 대한 관심도는 더 떨어졌다.

2018년에 공고한 청년 추가 고용 장려금 지원사업은 약 25,000회의 조회를 기록했다. 이 지원사업은 청년을 고용하면 한 명당 매년 900만 원씩 3년간 총 2,700만 원을 지원해줬다. 그리고 한 기업당 최대 90명까지 지원을 해줬다. 2019년과 2020년까지 2년간 진행했다. 이 사업을 알고 혜택을 본 기업들은 인건비를 엄청나게 절약했다. 국세청 통계자료인 연도별 사업자 현황을 보면 2018년 총사업장 수는 767만 개다. 약 0.3%의 사업장만 해당 공고를 봤다는 결론이 나온다.

나도 사업을 운영하면서 자금이 넉넉하지 못했던 경우가 많았다. 하루는 묘목값을 줘야 하는 날짜가 다가오는데 여유자금이 거의 없었다. 그래서 은행에서 사업자금 대출을 위해서 상담받고 도움을 청했다. 하지만 매출 규모가 상대적으로 적다 보니 대출이 어렵다고 했다. 담보가 있으면 가능한데 담보를 제공할 형편도 되지 않았다. 은행직원에게 사정을 해봤지만, 대출은 불가능하다고 했다.

그때 은행직원이 정말 급하면 지역특화 사업을 하는 소상공인을 대상으로 사업자금을 지원해주는 기관이 있다고 알려줬다. 돈 관련 일은 무조건 은행에서 하는 것으로만 알고 있었던 나에게는 너무나 생소했다. 반신반의하면서 은행직원이 알려준 기관으로 가서 상담받았다. 다행스럽게도 그 기관에서 사업자금을 받을 수 있었다. 그리고 거기에서 창업하기 전에 먼저 상담을 받았다면 창업 시에도 지원금을 받을 수 있었는데 아쉽다고 했다. 모르면 이렇게 손해를 본다.

이것 말고도 사업장에 지원금을 주는 공고는 매년 수도 없이 나온다. 각종 정부기관은 누구나 다 접속할 수 있고, 공문도 언제든지 볼 수 있다. 인터넷을 검색하는 정도로 컴퓨터를 사용할 수 있거나 스마트폰을 사용할 수 있으면 된다. 하지만 극히 일부 사람만 알고 그들만 혜택을 본다. 그 이유는 몇 가지로 예상할 수 있다.

우선 사업장을 운영하는 대표가 너무 바쁘다. 대기업처럼 대표가 사업장 운영만 하는 것이 아니라 직접 노동도 한다. 직원처럼 같이 일하고 운영까지 하다 보니 여유시간이 거의 없다. 당장 매출을 올리고 소득을 창출해야 하니 눈앞에 있는 바쁜 일부터 처리해야 한다. 그렇다고 추가로 채용하자니 인건비가 너무 부담이다.

그리고 주변에 이런 제도가 있는지 모르는 사람이 대부분이다. 정보를 안다고 해서 쉽게 말을 하지도 않는다. 안다고 하더라도 어디에서 어떻게 신청해야 하는지 방법조차 모른다. 각종 지원금은 국민이 피땀 흘려서 낸 세금이 재원이 된다. 국민의 세금을 쓰는 만큼 지켜야 할 사항도 있고, 준비해야 하는 서류도 많다. 이런 부분들을 하나하나 옆에서 챙겨주고 조언해주는 사람은 없다.

제도를 안다는 것은 지식을 쌓는 것은 아니다. 어떻게 활용하는지 방법만 알면 된다. '정보를 가지고도 지는 일은 없다'라는 말이 있다. 이미 각 기관은 사업자금이나 지원금에 대한 정보를 공개하고 있다. 이미 공개된 정보를 누가 얼마나 잘 활용하는지가 관건이다. 지금까지 몰랐다고 억울해할 필요는 없다. 이제라도 알아가고 있으니 다행이라고 생각하면 된다. 모든 정보를 습득하고 조합해서 창업할 때부터 돈을 받고 시작하자. 그 방법을 하나하나 공개할 것이다.

정부에서 창업을 지원해주는 이유

내가 조경사업을 운영할 때 2개월 정도 고정적으로 2명을 채용한 적이 있다. 규모가 너무 작아서 혼자 일해야 하지만, 사업 특성상 생물을 다루는 일이라 속도도 중요했다. 시간에 맞춰서 상품 출하도 하고 나무가 병이 들지 않도록 방제도 하려면 혼자서는 역부족이었다. 보통 이런 일은 단순노동직이라 청년은 거의 없고 50대 중반 이후의 중년이 많다.

처음에 그 2명도 일용직으로 왔었다. 일용직이었지만 일을 자신의 사업처럼 너무 잘해줬다. 그래서 2개월 정도 같이 일하자고 제안한 것이다. 모든 일이 마무리되고 2개월이 지나갔다. 정해진 월급에 감사함을 담아 조금 더 성의 표시를 했다. 그분들도 상당히 아쉬워하는 눈치였다. 이렇게 고정적으로 일을 할 수 있으면 마음이 편한데, 다시 일자리를 찾아다녀야 한다고 생각하니 답답하다고 했다.

매년 뉴스 기사에 단골로 나오는 주제가 있다. 그것은 바로 일자리가 부족하다는 기사다. 포털사이트에 '일자리'라고 검색을 하면 하루가 멀다고 각종 기사가 쏟아진다. 청년 일자리 문제점부터 고령화 사회로 인한 노인 일자리 문제까지 종류도 다양하다. 최근에는 일자리 부족에도 아이러니한 상황이 연출되고 있다. 실업급여의 허점을 이용해서 일명 '메뚜기 실직자'들이 기승을 부리고 있다. 실업급여를 받을 조건만 채우고 퇴사해서 실업급여를 부정적인 방법으로 받는 것이다.

정부는 이런 현상을 근본적으로 해결하기 위해 안간힘을 쓰고 있다. 해결방안의 목적으로 사업장에서 인력을 채용하면 각종 지원금을 지급한다. 그리고 채용했다는 이유만으로 세금 혜택도 주어진다. 〈세계일보〉 기사에 따르면, 지난 정부에서 15조 원을 직접 일자리 사업으로 썼다. 그중에 80%가 65세 이상 노인의 단기성 아르바이트에 사용되었다고 한다. 공공부문 일자리 사업은 민간고용 시장의 활성화를 위한 기반이 되어야 하는데, 그렇게 하지 못했다. 이렇게 해서라도 정부는 어떻게 해서든 일자리를 창출해야 한다. 이유는 국민이 정상적으로 일을 하고, 소득이 있어야 세금을 부과할 수 있기 때문이다.

세금이란 국가를 유지하고 국민 생활의 발전을 위해 국민의 소득 일부를 국가에 내는 돈이다. 크게는 국세와 지방세로 나뉜다. 국세는 중앙 정부에서 국가 전체의 살림을 위해 필요한 재원으로 사용한다. 지방세는 지방자치단체가 지역 살림을 위해서 사용한다. 세금은 나라를 운영하기 위해서는 필수적이다. 그 돈이 없으면 도로, 철도, 항만, 통신, 전력, 공공서비스 등 사회 간접자본을 제공하지 못한다.

그러므로 세금은 지속적이고 안정적으로 수급이 되어야 한다. 국세청의 8대 중점 추진과제 중 제1번이 '세입예산의 안정적 조달로 국가 재정을 뒷받침'인 이유가 바로 여기에 있다. 일반적으로 일을 해서 받은 수입에 일정 부분을 세금으로 내는 것이 근로소득세다. 근로소득세는 대표적인 국세다. 국세청과 관세청 징수보고서의 국세 수입실적 현황을 살펴보면, 2021년 총합계는 344조 원이다. 그중에 소득세는 114조 원으로 전체 국세의 33.0%를 차지한다.

그만큼 소득세가 차지하는 비중이 절대적으로 많다. 정부는 한 명이라도 더 소득을 창출하게 해야 세금을 많이 걷을 수 있다. 그리고 소득이 높을수록 세금은 더 많이 징수한다. 우리나라 소득세의 세율 산정 방법은 누진세율을 적용하기 때문이다. 누진세율은 국가가 정해놓은 과세표준 구간이 높아질수록 세율이 높아지는 구조를 가진 세율이다. 일부 세금 항목 중에는 단일세율을 적용받는 세금도 있다.

이처럼 국민이 소득을 창출하게 하려면 일자리를 지속해서 공급해야 한다. 하지만 정부가 단독으로 공급하기에는 비용이 너무 많이 든다. 세금을 일자리 창출을 위해 모두 써버리면 국가를 운영할 수 없다. 그래서 민간기업과 협동해서 일자리를 창출하게 하고, 근로자를 고용하도록 하는 것이다.

코로나19로 인해 기업들도 힘들지만, 일자리 창출에 적극적으로 동참하고 있다. 대기업을 중심으로 투자 발표가 이어지고 있다. 〈중앙일보〉 기사의 내용에 따르면 국내 10대 그룹의 5년간 국내 투자 및 고용계획의 규모가 엄청나다. 10대 그룹은 5년간 총 1,055조 6,000억 원을 투자할 계획이고, 신규 채용은 총 38만 7,000명을 채용할 계획이라고 밝혔다. 2021년 기준 국내총생산(GDP) 규모가 2,057조 원으로 절반에 해당하는 천문학적인 규모의 투자다.

　이런 투자는 참 반가운 일이지만, 혜택을 보는 사람은 일부에 불과하다. 대기업에 입사하려면 기본적으로 갖춰야 할 기준이 높다. 좋은 대학은 기본이고, 각종 자격증과 외국어 능력까지 모두 갖춰야 그나마 도전해볼 수 있다. 모든 조건이 갖춰지더라도 경쟁이 너무 치열해서 취업하기란 쉽지 않다.

　현실적으로 대기업보다 채용 문턱이 조금 낮은 중견·중소기업은 대기업처럼 많은 투자를 하지 못한다. 코로나19 피해가 대기업보다 심각하고 회복이 되려면 시간이 오래 걸린다. 더구나 소상공인이나 자영업자는 투자는커녕 버티기도 힘든 처지다. 사업 자체의 생존이 걸렸는데 고용을 위한 돈을 쓰기에는 무리다. 이런 상황에서는 기업의 역량과 정부의 예산을 동시 활용하면 좋은 시너지가 난다.

　중소벤처기업부가 발표한 보도자료를 보면, 2023년 예산을 3대 중점 투자 방향을 제시하면서 13.6조 원으로 편성했다. 3대 중점 투자 방향을 제시했는데 가장 첫 번째 방향이 민간과 공동으로 벤처·스타트업 육성이다. 정부 중심에서 민간 주도 또는 민간연계 방식의 창업지원 예산을 증액해 성과를 극대화하는 것이 주요 내용이다. 또한, 경영 위기 상태인 벤처·스타트업과 중소기업의 재도약을 위해서 각종 혜택도 제공한다.

　이런 혜택은 매년 점점 늘어나고 있고 발전하고 있다. 단순한 창업지원이 아니라 창업 후 올바른 성장과 기반을 다질 수 있는 시스템도 신설한다. 그 이유는 우리나라의 기업별 규모를 분석한 결과 중소기업 비율이 99%에 달하기 때문이다. 중소기업에 종사하는 근로자 수도 1,749만 명에 이른다.

1%의 대기업이 성장하는 것도 도움이 되지만, 99%의 중소기업이 성장하면 그 효과는 더 크다고 할 수 있다. 생각해보면 지금의 대기업도 바로 기업 규모가 커진 것이 아니다. 처음에는 모두 중소기업이나 소상공인으로 시작했다. 대기업으로 성장하는 근간과 힘은 중소기업부터 시작되는 것이다.

이런 이유로 정부는 중소기업을 계속 활성화한다. 그리고 많은 중소기업이 생겨서 기술력을 향상하고 성장하기를 원한다. 기업이 성장한다는 것은 규모가 커지는 것도 있지만, 고용을 창출하고 사회 기여를 많이 한다는 것이다. 코로나19로 힘든 시기에는 고용 창출을 아무리 독려해도 한계가 있다. 일하는 근로자도 희망퇴직을 종용해서 인건비를 줄이려 하기 때문이다.

갑작스러운 퇴직으로 그동안 도전하지 못했던 창업을 하는 사람들이 많다. 제2의 벤처 붐이 2020년 전후해서 본격적으로 시작되면서 오히려 창업은 더 활성화되었다. 한국고용정보원의 자료에 따르면 2021년 6월 말 기준, 벤처기업은 전년 대비 약 6.7만 명의 고용이 증가했다.

"구성원의 대다수가 가난하고 비참한 사회는 결코 번영하고 행복할 수 없다."

경제학의 아버지인 스코틀랜드 철학자 애덤 스미스(Adam Smith)가 한 말이다. 경제의 구성원인 국민이 잘사는 환경을 만들어야 나라가 발전한다. 정부가 꾸준한 창업환경을 조성하는 이유가 여기에 있다. 국민이 일할 수 있는 일자리를 만들고, 경제발전을 꾸준히 이루어야 하기 때문이다.

돈이 없어서 창업하지 못한다는 핑계는 대지 말라

2022년 10월에 출간된《트렌드 코리아 2023》을 보면, 디깅모멘텀(Digging Momentum)이라는 말이 나온다. 디깅모멘텀이란, 자신의 취향에 맞는 한 분야를 깊이 파고드는 사람들이 늘어나는 트렌드를 말한다. 단순한 취미를 넘어서 개인 취향에 완전히 몰입해 자기 성장을 이루는 것이 핵심이다. 단체의 중심에서 취향을 중심으로 산업이 변하고 있다.

사람이면 누구나 음식을 섭취한다. 음식은 생활에 필요한 영양분을 얻기 위해 꼭 섭취해야 한다. 이런 음식 섭취로 수익을 만들어내는 사람들이 있다. 바로 유튜브로 음식을 섭취하는 영상을 올려서 이익을 얻는 '먹방' 유튜버. 유튜브에 '먹방'을 검색하면 채널이 수도 없이 나온다. 음식을 먹는 것만으로 수익을 창출한다. 이들은 다른 일반인보다 음식을 좋아하고 많이 먹는다.

과거에는 이렇게 먹는 사람들을 아둔하게 봤고 천대했다. 하지만 지금은 음식의 종류를 다양하게 많이 먹으면서 사람들에게 식욕을 대리만족시켜준다. 단지 식욕만 대리만족시킬 뿐이지 직접 음식을 먹은 것이 아니라 배가 부르지는 않다. 원초적으로 배가 고픈 것을 해결한 것이 아니지만 사람들은 열광한다. 유명한 먹방 유튜버는 한 달에 벌어들이는 수익이 억대를 넘는 경우도 있다.

초등학교 저학년인 내 딸은 슬라임을 정말 좋아한다. 슬라임은 물과 물풀, 리뉴로 만드는 끈적임이 있는 젤리 형태의 물체다. 매일 슬라임을 가지고 놀고 종류도 여러 가지다. 심지어 한 달에 최소 2번은 슬라임 카페에 가서 종류별로 슬라임을 만든다.

어느 날 딸이 스마트폰을 너무 집중해서 보고 있었다. 그래서 무엇을 보는지 물어보니 슬라임을 만드는 유튜브 영상을 본다고 했다. 그것을 보고 슬라임 카페에 가서 어떤 슬라임을 만들지 결정한다는 것이다. 해당 영상의 유튜버는 44만 명의 구독자를 보유하고 있었다.

이처럼 하나의 놀이를 소개하고 영상을 찍는 것만으로도 사업이 되는 시대다. 예전처럼 사업이 많은 돈과 특별한 기술이 있어야 시작할 수 있는 것이 아니다. 모든 것이 온라인으로 연결이 되면서 작은 아이디어 하나로도 사업 시작을 할 수 있다. 사람들에게 아이디어를 내라고 하면, 지금 세상에 없는 것을 창조해야 한다고 생각한다.

물론 새로운 것을 발견하고 세상에 없는 것을 만들어내면 그만큼 좋은 것은 없다. 하지만 아이디어는 새로운 것을 창조해야만 탄생하는 것이 아니다. 기존에 있는 것을 합치거나 조금만 다르게 생각해도 된다.

마스크를 예로 들어보자. 최초의 마스크는 기원전 고대 그리스에서 시작되었다. 당시에 전쟁 때 연기를 피워 상대방을 무력화하기 위한 전술이 많이 사용되었다. 이때 연기로부터 병사들을 보호하기 위해서 스펀지로 마스크를 만들었다. 지금 시대의 마스크도 사람을 보호하기 위한 원초적인 목적은 변함이 없다. 하지만 각종 기능이 더해지고 용도별로 마스크가 만들어진다. 심지어 이것을 패션으로 승화시켜 각종 컬러나 모양도 다양하게 생산되고 있다.

만약 마스크가 세상에 없었다면 마스크 자체를 개발하고 만드는 것은 힘들 것이다. 하지만 기존 마스크에 색깔을 넣거나 용도를 조금 변경하는 것은 누구든 생각할 수 있다. 그것을 바로 행동으로 옮겨서 실행하면 바로 사업 아이템이 되는 것이다.

"당신에게는 당신만의 인생 경험과 그 과정에서 얻은 지식이 있다. 그리고 그것을 토대로 다른 사람을 도울 수 있다. 이는 당신이 스스로 충분히 만족스러운 삶을 살았노라 답할 수 있는 하나의 방법이다."

《백만장자 메신저》를 집필하고, 세계에서 가장 영향력 있는 메신저가 된 브렌든 버처드(Brendon Burchard)가 한 말이다. 그의 말에 따르면 자기 경험을 바탕으로 창업 아이템을 설정하고 사업이 가능하다. 누구나 삶을 살아가면서 배우고 익힌다. 하나씩 배우면서 성장을 하는데, 이런 성장 과정 자체도 사업이 될 수 있다는 말이다.

간혹, 사람들은 자신이 살아온 삶에 대한 경험을 하찮게 여긴다. 너무 평범하게 살아왔고 특이한 이벤트가 없다고 생각한다. 하지만 지극히 평범한 회사생활도 사람마다 다르다. 회사, 하는 일, 같이 하는 사람도 다르다. 모든 상황이 완벽하게 일치하는 일은 거의 없다는 뜻이다.

그렇다는 것은 개개인의 모든 상황이 창업이나 사업 아이템이 될 수 있다는 말이다. 대학을 졸업하고 취직해서 10년간 한 회사에서 직장생활하고 있다고 가정해보자. 이런 평범한 상황에도 아이템은 존재한다. 우선 취직하려면 스펙 쌓기, 면접, 자기소개서 작성 등 여러 과정을 거친다. 과정마다 자신이 어떻게 준비하고 실행했는지 정리한다.

직접 실행하고 합격해서 직장에 취직한 것이니 신뢰도는 100%다. 시대가 조금 변해서 방식이 바뀌었다면 그에 맞는 방법을 추가하면 된다. 이런 아이템은 취업을 준비하는 취준생을 대상으로 알려주거나 전자책으로 만들어 팔면 된다. 또 하나의 아이템은 취업 후 직장생활을 10년간 할 수 있었던 비결이다.

10년간 한 회사에서 직장생활을 했다는 것은 우연이 아니다. 회사에서 인정받고 있다는 것이고, 능력이 있다는 증거다. 취업 1년 차부터 연차별로 겪었던 상황이나 다양한 경험을 하나의 프로그램으로 구성한다. 초보 직장인이라면 누구나 10년 동안 직장을 다닐 수 있는 비결을 알고 싶어 하기 때문이다.

그리고 창업이나 사업을 시작하지 못하는 또 다른 이유가 있다. 바로 처음부터 모든 사람이 만족할 만한 아이템이나 서비스를 원하기 때문이다. 세계적인 기업인 애플, 아마존, 삼성도 모든 사람을 만족시키는 제품과 서비스를 제공하지 못한다. 사람마다 개성이 다르고, 만족의 기준이 다르기 때문이다. 모두를 만족시킨다는 발상 자체를 버려야 한다. 대신 내가 도움을 줄 수 있는 대상을 세분화해서 접근해야 한다.

직장에서 생활하는 노하우를 서비스로 제공하려면, 우선 직장인과 취업준비생 중 타깃을 정한다. 만일 직장인을 대상으로 설정했다고 하면 업종, 나이, 직급, 연차, 성별 등으로 다시 세분화할 수 있다. 이렇게 대상을 세세하게 분해해서 나의 제품이나 서비스를 좋아하는 소수를 만들어야 한다. 그 소수는 내가 무슨 말을 해도 나를 믿고 신뢰하도록 만들어야 한다. 즉, 마니아를 만들어야 한다는 것이다.

마니아가 만들어지면 해당 분야에서 소문이 난다. 서로 어울리는 사람이 비슷해서 처지도 비슷하다. 소규모로 나의 마니아를 하나둘 늘리다 보면 사업이 확장된다. 그러면 조금 더 넓은 범위로 한 단계씩 진출할 기회가 온다. 그렇게 조금씩 규모를 늘려서 사업을 확장하면 한 분야의 전문가로 인정받게 된다.

그리고 누군가에게 가치를 제공할 때 석박사 같은 학위나 거창한 자격증은 필요 없다. 그저 평범한 사람보다 조금 더 아는 수준이면 된다. 자신보다 더 초보인 사람에게 맞춤교육을 해준다고 생각하면 된다.

나는 수학을 잘하지 못한다. 중학교에 진학하고 미적분을 보면서 수학은 포기했다. 하지만 초등학생인 딸의 사칙연산 정도는 충분히 가르쳐줄 수 있다. 이것을 대학교 수학과 교수가 가르친다는 것은 효율이 떨어진다.

그러니 각자의 경험은 누구에게는 아주 커다란 도움이 된다. 누구에게나 도움을 줄 수 있다. 당신이 가진 능력에서 시작하면 된다. 돈 문제가 아니라 실행의 문제다.

정부사업지원금에는 답안지가 있다

04

학생 때 시험을 본 기억이 있을 것이다. 초등학교 때 했던 받아쓰기부터 대학에 가기 위한 수학능력시험까지 종류도 다양하다. 과목별로 시험 범위가 정해지면 공부하고 숙지해서 객관식 또는 주관식으로 시험을 본다. 정해진 시간에 시험을 봐야 하고, 정답과 오답이 명확하게 나뉘어 있다.

그리고 변호사 시험처럼 오픈 북 시험으로 진행되는 경우도 있다. 법률에 해당하는 법전을 보고 시험을 칠 수 있다. 하지만 오픈 북이라 하더라도 워낙 범위가 넓어서 오히려 어렵게 느껴진다. 작성해야 할 부분도 월등히 많다. 쉽다고 생각하면 착각이다.

법무부는 2022년 5월 10일에 제11회 변호사 시험 합격자를 공개했다. 총응시자 3,197명 중에 합격자가 1,712명으로 53.5%의 합격률을 보였다. 변호사 시험은 5일간 치르고 총 8개의 시험 과목을 본다. 변호사 시험을 볼 정도면 공부에는 최상위권 인재들인

데 절반이 조금 넘는 합격률을 보였다.

이렇게 힘든 시험은 공부하는 기간도 길다. 단번에 합격한 사람도 있지만, 수년간 준비해서 겨우 합격한 사람도 있다. 하지만 정부사업지원금은 한글을 읽고 볼 수 있으면 누구나 받을 수 있도록 구성되어 있다. 학교 시험처럼 공부할 필요도 없고, 변호사 시험처럼 어렵지도 않다. 그리고 더 중요한 사실은 정부지원사업은 정답지가 공개되어 있다는 사실이다.

그 정답지는 바로 공문이다. 공문은 각 부서에서 공식적으로 작성한 문서다. 공식적이라는 것은 해당 문서의 내용대로 사업을 진행하겠다는 것과 똑같다. 따라서 공문을 홈페이지에서 다운받아서 전체적인 구성이 어떻게 되어 있는지 살펴봐야 한다.

대부분 공문의 구성은 먼저 사업개요부터 시작한다. 해당 사업을 진행하는 목적이 가장 먼저 나온다. 만약 예비창업패키지사업이면 성공 창업 및 사업화 지원을 목적으로 한다. 따라서 지원대상은 창업하지 않은 사람이다. 창업을 위한 교육과 멘토링 등 다양한 지원내용이 이어서 나온다. 그리고 선정이 되면 협약 기간이 얼마나 되는지 선정 규모는 총 몇 명인지까지 공개가 된다.

그리고 지원하는 분야도 나온다. 사업의 종류에 따라 지원 분야별로 주관기관이 정해지고, 규모도 표로 정확하게 나온다. 만약 해당 소재지까지 나온다면, 사업을 운영할 소재지에 맞는 주관기관에 지원해야 한다. 이 외에도 수많은 내용이 공고문에는 공개되어 있다.

하지만 아무리 좋은 정답지도 사용하는 방법을 모르면 무용지

물이다. 공고문도 보는 순서가 있고 중점적으로 봐야 할 부분이 있다. 공고문을 볼 때 제일 먼저 볼 것은 신청자격 및 요건이다. 아무리 좋은 사업이라도 자신이 지원할 수 없는 분야나 조건이면, 그 공고문은 나에게 필요가 없는 공고문이다. 수학 시험에 국어책을 펼쳐놓고 시험을 보면 정답을 알 길이 없기 때문이다.

정부지원사업 공고문의 신청자격 및 요건

□ **신청자격**

○ 공고일('22.2.24.) 기준 **신청자 명의**의 **사업자 등록**(개인, 법인)이 **없는 자**

* 단, 2021년 생애최초 청년창업 지원사업(중기부 공고 제2021-405호)에 참여하여 수행완료한 자가 공고일기준 기창업자인 경우, 당시 사업아이템과 관련한 분야로 창업(사업자등록)한 경우에 한하여 인정하고 신청자격을 부여

- 단, 사업공고 전일까지('22.2.23.) 폐업한 경험이 있는 자는 이종업종의 제품 및 서비스를 생산하는 사업자(기업)를 창업할 예정인 경우에 한하여 신청 가능하며,

- 동종업종 제품 및 서비스를 생산하는 사업자(기업)를 창업할 예정인 경우에는 폐업 후 3년(부도·파산으로 인한 폐업 시 2년)을 초과한 자에 한하여 참여 가능

◆ 이종·동종업종 판단은 한국표준산업분류 코드의 세세분류(5자리)를 기준으로 함 (세세분류 일치 시 : 동종업종으로 판단 / 세세분류 불일치 : 이종업종으로 판단)
◆ 통계청 통계분류포털(kssc.kostat.go.kr) - 경제부문 - 표준분류 - 한국표준산업분류(KSIC) - 자료실 - 최신개정 - 제10차 한국표준산업분류표 참조

출처 : K-Startup 홈페이지

　

이 공고문의 신청자격을 보면, 공고일 기준 신청자 명의 사업자 등록이 없는 자가 대상이다. 하지만 여기까지만 보고 해당 조건이 모두 충족한다 생각하면 안 된다. 별색 상자 안에 있는 예외 사항을 반드시 확인해야 한다. 기존 창업자라도 지원할 수 있는 방법을 알려주기도 하고, 좀 더 정확한 기준이 나열되어 있다.

그리고 자격을 모두 갖췄더라도 확인해야 하는 부분은 또 있다.

신청자격이 있으면 신청제외 대상도 반드시 공개되어 있다. 신청자격이 충분하더라도 공고문상에 신청제외 대상이면 절대 지원해주지 않는다. 대표적인 신청제외 대상은 금융기관 채무불이행이나 세금 체납이다. 그리고 사업별로 지원제외 대상 업종도 있다.

이것까지 확인했다고 안심하면 안 된다. 또 확인해야 할 사항이 있다. 신청제외 대상에도 예외가 있다는 것이다. 각 제외 대상 항목별로 예외 조항이 상세히 공개되어 있다. 채무조정 합의를 체결했거나 접수 마감일 전까지 세금 완납을 했을 때는 예외로 해서 지원을 받아주기도 한다. 이처럼 정부기관은 다양한 예외 사항을 둔다.

예외 사항까지 살펴보고 해당이 되면 지원내용을 상세히 본다. 지원기간과 사업별 종류들이 상세하게 공개되어 있다. 이렇게 자세히 공개하는 이유는 자신이 지원하고 싶은 분야를 선별해서 지원하라는 말이다. 전단 돌리듯이 그냥 막 지원하면 정부지원사업은 받을 수 없다.

마지막으로 각 지원사업에 해당하는 관리 지침을 잘 숙지해야 한다. 관리 지침은 기관별, 지원성격별로 지침이 천차만별이다. 정책자금 융자의 경우에는 사용할 수 있는 용도가 대부분 정해져 있다. 그리고 인건비지원사업의 경우에는 특정 조건이 만족하지 못하면 지원금이 전액 환수 조치된다.

대부분 정부지원사업 혜택을 받으면 각 기관의 관리·감독을 받게 된다. 1:1 멘토링하는 경우도 있고, 1년 단위로 자금 사용명세를 제출하기도 한다. 이때 명확하게 자금 사용명세가 증명되지 않으면 즉시 지원혜택은 중지된다. 한 가지 방법을 알려주자면 주자면 정부지원사업을 받을 시 전용 계좌를 만들어 관리하면 좋다. 자금 사용명세를 달라고 하면 전용 계좌명세만 모두 출력해서 제출하면 된다.

이처럼 기관별 공고문은 정답지이자 가이드다. 공고문만 3번 정독해도 해당 정부지원사업에 대한 모든 내용을 알 수 있다. 한 번 받은 사람이 또다시 받는 이유는 공고문에 나와 있는 대로 진행하고 관리했기 때문이다. 만약 공고문 내용이 이해되지 않으면 담당자 전화번호까지 공개되어 있으니 모르면 전화해서 물어보면 된다. 친절하게 알려주고 진행하는 방법까지 알려준다.

목마른 사람이 우물을 파야 한다. 가만히 있으면 떠먹여 주지 않는다. 공고문을 보고 즉시 행동하자. 그러면 누구나 정부지원사업 혜택을 볼 수 있다.

05 창업의 지렛대를 만드는 정부지원금

2021년 2월 24일 중소벤처기업부는 코로나19 상황에서도 신규 창업은 역대 최고치를 기록했다고 밝혔다. 2020년 대비 15.5%나 증가한 수치다. 코로나19가 장기화하면서 회사는 생존을 위해서 대대적인 비용 절감을 단행했다. 그 결과 많은 근로자가 퇴직하거나 해고당했다. 회사가 자신을 지켜줄 것이라는 믿음을 가졌던 근로자들은 망연자실했다.

다시 직장을 찾으려니 코로나19 시기에 추가로 채용하는 기업은 거의 없었다. 회사의 생존을 걸고 근로자를 위해서 희생하는 기업은 거의 없다. 잔인한 현실이다. 그래서 차라리 직장을 찾기보다는 창업을 해서 코로나19를 이겨내 보려는 움직임이 많아졌다.

정부에서도 이런 움직임을 나쁘게 보지 않았다. 코로나19로 인해 일자리가 줄어드는데 창업해서 일자리 공급을 해주길 바라고 있다. 물론 1인 창업이나 소규모 창업이 많지만, 기업 자체가 많아지는 것은 긍정적인 신호다. 그래서 창업 기업에 대한 지원은 아주 다양하다. 하지만 혜택이 많다고 해서 무작정 창업을 할 수는 없다. 창업이란 기본적으로 자금이 들어가고 관리도 해야 한다. 주변에서 한다고 덩달아 창업하면 큰 낭패를 볼 수 있다.

    과거 2002년 월드컵을 위해서 대한축구협회는 국가대표팀 감독으로 거스 히딩크(Guus Hiddink)를 영입했다. 그가 감독으로 취임 후 가장 먼저 한 것이 체력훈련이다. 심지어 월드컵이 얼마 남지 않은 기간에도 체력훈련에 주력했다. 그는 한국축구가 세계 수준의 팀과 경기하려면 기초체력이 튼튼해야 한다고 생각했다.
    많은 언론과 전문가들이 그의 훈련방식을 비판했지만, 전혀 아랑곳하지 않았다. 그는 기술이나 전술은 기초체력을 토대로 완성된다고 굳게 믿고 있었기 때문이다. 그 결과 월드컵 4강이라는 기적을 이루어냈다.
    이처럼 기초는 창업할 때도 아주 중요하다. 많은 기초요소가 있지만, 사업을 할 때는 반드시 사업자금이 필요하다. 기발한 아이디어와 상품이 있어도 돈이 없어서 사업을 시작조차 할 수 없다면 무용지물이 되는 것이다. 정부기관에서는 사업을 시작할 수 있는 도와주는 다양한 지원 프로그램이 있다.
    특히, 창업에 대한 정부지원은 해가 거듭될수록 다양해지고 있다. 대표적으로 창업을 지원하기 위한 정부기관은 창업진흥원이 있다. 창업진흥원은 창업을 촉진하고 창업 기업의 성장을 지원해서 국가 경쟁력 강화에 이바지하기 위해 탄생했다. 창업 기업의 성장단계별로 차별화된 지원책을 마련하고 있다.
    또한, 예비단계부터 도약단계까지 수준별 맞춤형 패키지로 지원한다. 예비단계의 경우에는 예비창업패키지 사업을 활용할 수 있다. 예비창업패키지는 혁신 기술 창업 소재가 있는 예비창업자를 지원하기 위한 프로그램이다. 2022년 기준 총예산은 832억 원, 1,260개 사를 지원하는 패키지사업이다.

지원대상은 지원 시 사업자등록이 없어야 하고 최대 1억 원을 지원한다. 평균 지원 금액은 5,000만 원 정도다. 창업을 준비하는 사람에게 제공하는 만큼 기본 교육과정을 반드시 이수해야 한다. 또한, 사업화 자금, 창업교육, 멘토링 등 다양한 프로그램도 지원한다.

이런 패키지 사업에 선정이 되어서 진행을 하게 되면 연계되는 사업도 지원한다. 예비창업 단계를 성공적으로 진행했다면, 다음은 초기창업 패키지를 활용하면 된다. 해당 패키지는 창업 후 3년 이내의 기업을 대상으로 지원하고 있다. 초기창업 기업의 사업 안정화와 성장을 지원하기 위해서다.

지원내용은 사업화 자금과 특화프로그램이다. 먼저, 사업화 자금은 시제품 제작, 지식재산권 취득, 마케팅 등에 드는 자금을 최대 1억 원 이내로 지원한다. 그리고 특화프로그램은 주관기관별 특화 분야를 고려해 아이템 검증 및 투자 유치 등 기업 맞춤형으로 지원한다. 또한, 창업 기업과 전문가 간 네트워킹을 활용해서 지원하기도 한다.

특히, 초기창업 패키지 최종 평가 최우수 또는 우수 기업으로 판정받고, 고용인원이 5명 이상이 되도록 해야 한다. 이럴 때 엄청난 특전이 있다. 바로 다음 지원사업인 창업 도약패키지에 패스트트랙으로 지원할 수 있다는 것이다. 창업 도약패키지의 지원대상은 창업 후 3년 이상~7년 미만 이내의 기업을 지원하는 사업이다. 하지만 패스트트랙 조건을 충족하면 창업 기간에 상관없이 지원할 수 있다.

창업 도약패키지의 경우 창업 기업의 데스밸리(Death Valley)를 극복하고 자생적으로 성장하도록 지원하는 사업이다. 창업 경영 관련 지식과 경험을 보유한 전문가를 전담 멘토로 지정해서 사업관리와 경영, 자문 등의 서비스를 지원한다. 크게 일반과제와 대기업 협업과제로 나뉘어 있다.

두 과제 모두 사업화 자금을 최대 3억 원까지 지원한다. 일반과제의 경우 주관기관에서 특화프로그램을 제공하는데 경영지원, 디자인 개선, 마케팅 등을 지원한다. 대기업 협업과제의 경우에는 공동 사업화를 추진하거나 마케팅 및 인프라 지원, 투자 연계 등의 방식으로 지원한다. 2022년 기준으로 5개의 분야에서 대기업과 연계를 진행했다. 친환경 분야는 SK이노베이션, 클라우드 분야는 네이버, 라이프 스타일 분야는 CJ, 5G 분야는 KT, 핀테크 분야는 KB금융그룹과 연계를 했다.

창업 관련 패키지사업은 예비창업의 경우에는 자기 부담금은 없이 전액 지원이다. 하지만 초기창업이나 창업 도약패키지의 경우 정부지원은 70%다. 나머지 30%는 기업이 부담해야 한다. 하지만 부담금 자체가 크지 않고, 다양한 프로그램까지 제공받으니 무조건 이득이다.

그리고 패키지 사업 외에도 이와 비슷한 창업 중심대학 사업이 있다. 해당 사업은 권역별로 6개의 대학이 주관기관이 되어 기업의 성장별로 지원하는 사업이다. 특징은 소재지 기준 동일 권역에서 60% 이상을 선발한다는 것이다. 물론 소재지와 관계없이 1개의 주관기관을 선택해서 신청할 수 있다. 하지만 동일 권역 내의 주관기관을 선택하는 것이 훨씬 유리하다.

공고문의 기타 유의사항

- 동일 권역 지역(청년 포함) 초기 창업기업을 대상으로 60% 이상 선정 예정이며 본 공고문에 명시된 권역, 지역(청년 포함)기준 등을 참고하여 동일 권역 주관기관으로 신청을 권장
- 본 공고문에 명시되지 않는 사항은 관리지침 및 관리기준 등에서 정하는 바에 따르며, 지침·기준 등 미숙지로 발생하는 불이익 및 그에 따른 책임은 본 사업 신청자에게 있음

출처 : K-Startup 홈페이지

공고문에도 전체 사업화 중 '동일 권역 내 지역 신청자를 60% 이상 선정 예정'이라고 안내되어 있고 권장하고 있다. 이렇게 권장을 한다는 것은 다른 권역에서 신청하면 그만큼 불리하게 적용된다는 말이다. 그리고 폐업 후 사업의 재도전을 지원하는 재도전 성공 패키지, 민관 공동창업 발굴 육성(TIPS) 등 다양한 방법으로 창업지원을 하고 있다. 또한, 혁신 분야 창업에 대한 지원사업도 별도로 운영하고 있다. 혁신 분야 창업패키지는 BIG 3, 비대면 스타트업 육성, 세계적 기업 협업, 소재·장비·부품 스타트업 100 패키지로 구성된다.

그리고 이런 지원사업에는 엄격한 관리지침과 관리기준이 있다. 대부분 관리지침과 관리기준은 공고문에 공개되어 있다. 하지만 모든 내용을 공고문에 공개하기에는 내용이 많아서 별도로

사업별 세부 관리기준을 자료실에 공개한다. 해당 자료들은 창업진흥원이나 K-Startup 홈페이지 자료실에 모두 공개되어 있으니 상세히 살펴봐야 한다.

정보를 가지고 있으면 지는 일은 없다고 했다. 다양한 창업 관련 정부지원사업을 알고 활용하면 아주 큰 도움이 된다. 모든 제도를 활용해서 성공적인 창업을 하자.

06 당신은 왜 정부지원금을 알지 못할까?

2022년 8월에 농아인(聾啞人) 부부가 보험 상담 요청을 했었다. 농아인은 청각장애로 인해 언어 구사가 불가능한 장애인을 말한다. 처음에는 문자 메시지로 상담을 진행했다. 정보 동의를 받아 점검해보니 두 부부 상황에 맞지 않는 상품이 가입되어 있어서 그 부분을 말씀드렸다. 그러자 직접 만나서 상담을 받고 싶다고 했다. 지자체에서 지원하는 수화언어(이하 수어) 통역사와 같이 만나서 상담하기로 했다.

일정을 조율해서 부부를 만났고 상담을 진행했다. 나는 그때 새로운 사실을 알았다. 우리에게는 한글이 익숙한 국어지만, 농아인은 수어가 국어라는 것이다. 일반 사람들이 쓰는 한글로 문장을 써서 보여줘도 이해가 잘 안 된다고 한다. 마치 외국어를 보는 것 같이 어렵게 느껴진다는 것이다.

그래서 그 글을 보고 수어 통역사가 통역해야 이해가 쉽다는 것이다. 그러다 보니 일반 사람들보다 정보를 습득하는 시간이 오래 걸린다. 이런 부분을 부부는 너무 답답해했다. 나는 그 부부가 이해할 수 있는 단어로 최대한 쉽게 설명했고, 그 내용을 수어 통역사가 번역해서 정보를 전달했다. 번역과정에서 이해가 안 된다고 느껴지면 다시 더 쉬운 예시를 들어서 설명을 이어갔다.

모든 상담이 끝났을 때 부부는 나에게 감사하다고 했다. 아무리 인터넷에 좋은 정보가 있어도 농아인은 이해가 너무 어려워 답답했는데 쉽게 설명해줘서 고맙다고 했다. 자신의 주변에 같은 처지인 사람이 많으니 도와달라고 했다. 나는 기꺼이 돕겠다고 했고, 지금도 꾸준히 연락하면서 돕고 있다.

인터넷이 없었던 과거에도 정보는 아주 중요했다. 전쟁을 치를 때 적의 위치와 진형을 파악하기 위해서 정찰병을 파견했다. 영화 〈명량〉에서도 이순신 장군이 준사를 일본 진형에 잠입시켜 일본군의 중요한 기밀을 빼냈다. 적군의 중요한 정보나 기밀 하나가 전쟁의 승패를 가릴 수 있었기 때문이다.

하지만 기술이 발전하고 인터넷이 활성화되면서 모든 정보를 검색할 수 있게 되었다. 대표적으로 정보나 지식을 검색할 수 있는 사이트가 구글이다. 구글의 사명은 명확하다. 전 세계의 정보를 조직해 누구나 쉽게 접근하고 사용할 수 있도록 하는 것이다. 그것에 맞게 전 세계 사람들이 가장 많이 사용하는 검색 엔진이다. 우리나라에서는 네이버와 더불어 검색 엔진의 1, 2위를 다투고 있다. 지금은 단순히 검색 엔진뿐만 아니라 다양한 제품과 서비스를 제공한다.

유튜브를 소유하고 있고 구글 지도, 구글 번역 등 각종 무료 서비스를 제공한다. 거기에 구글은 검색을 바탕으로 사용자의 많은 정보를 수집한다. 검색 기록, 위치 기록, 웹 및 앱 활동 기록 등 대부분의 활동을 기록하고 보관한다. 이런 기록을 바탕으로 개인이 관심 있는 항목에 대한 맞춤 광고도 제공한다. 심지어 구글 계정과 연동된 각종 SNS 계정이나 활동 정보들도 모두 기록하고 보관한다. 이런 방식으로 구글은 정보 수집을 무기화하고, 모든 사람이 볼 수 있도록 지식과 정보를 공유하고 있다. 모든 정보를 볼 수 있으니 정부지원금이나 정부지원사업 관련도 검색이 가능하다.

정부지원금 검색

출처 : 네이버 홈페이지

그런데도 정부지원금을 지원받거나 정책을 제대로 활용하는 기업을 찾기는 드물다. 이유는 구글이나 네이버에 정부지원금을 검색하면 광고가 맨 처음 나오기 때문이다. 정책자금과 정부지원금에 대한 조언을 전문적으로 하는 회사나 컨설턴트가 하는 광고다. 이렇게 광고가 많다 보니 정작 필요한 정보를 찾기가 힘들다.

해당 광고를 클릭해서 들어가면 마치 전문가를 통해야만 정부 지원금을 받을 수 있는 것처럼 되어 있다. 물론 전문가를 통해서 조언을 받고 진행하면, 성공률도 올라가고 지원금 규모도 커진다. 또한, 기업을 운영하는 데 경영 멘토나 조언하는 사람이 옆에 있으면 많은 도움이 된다. 하지만 대부분 정부지원금은 쉽게 접근할 수 있도록 시스템이 구성되어 있다.

그리고 네이버는 비즈니스 금융센터 서비스를 제공한다. 사업 자를 위한 기본적인 교육이나 상황에 맞는 정부지원금 정보를 제공한다. 접근성이 한결 좋아졌다. 그렇다고 하더라도 결국 정부지원금은 정부기관에서 주관한다. 정부지원금 관련 기관 홈페이지에서 직접 보는 것이 가장 정확하고 빠르다. 고용노동부, 소상공인시장진흥공단, 기술보증기금, 신용보증기금, 중소벤처기업진흥공단 등 정부지원금 관련 기관은 아주 다양하다.

주요 기관만 알고 있어도 거의 모든 정부지원사업을 볼 수 있다. 해당 사이트만 저장해놓고 1주일에 딱 한 번씩만 접속해서 살펴보면 된다. 그러면 거의 모든 정부지원사업을 볼 수 있고, 자신에게 맞는 형태를 찾을 수 있다.

하지만 이렇게 검색해서 찾더라도 정작 실행하는 기업은 10%도 되지 않는다. 대부분 기업은 시도조차 해보지 않는다. 이유는 주변 기업들이 시도했다가 실패하는 사례가 많기 때문이다. 그리고 실패한 기업들이 정부지원사업은 어렵다고 입소문을 낸다. 하지만 입소문에 휘둘릴 필요가 전혀 없다. 어려운 것이 아니라 해당 사업기준과 맞지 않았을 뿐이다. 자신의 사업과 맞지 않는 정부지원사업을 신청했을 가능성이 크다.

단순히 정부지원금의 종류를 많이 안다고 해서 정부지원사업을 활용할 수 없다. 기업의 형태, 사업의 종류, 직원 수, 정책변화 등에 따라 계속 바뀌기 때문이다. 그것에 맞게 대응하고 미리 준비할 수 있어야 정부지원사업을 잘 활용할 수 있다.

정부지원금은 대부분 예산이 정해져 있다. 인기 있는 정부지원사업의 경우, 신청자가 몰린다. 자신의 기업이 신청해서 혜택을 받기도 바쁜데, 주변에 정확하게 알려주는 사람은 극히 드물다. 결국 직접 찾아야 하고, 내게 맞는 지원금을 받는 방법을 알아야 한다. 그 방법들도 아주 상세히 공개하니 잘 숙지해서 정부지원사업을 활용해보자.

07 정부가 밀어주는 업종은 따로 있다

우리나라에서는 대학에 진학하려면 수학능력시험을 봐야 한다. 고졸 검정고시로 증명하거나 고등학교에 진학해서 3년간 교육받으면서 졸업 조건을 갖춰야 볼 수 있다. 대부분 학생은 일반적으로 중학교에서 고등학교로 진학한다. 이때 선택하는 고등학교의 종류에 따라 공부하는 방식도 달라지고, 대학 진학에도 영향을 준다.

대부분 학생은 일반 고등학교로 진학한다. 간혹 특수한 목적을 가지고 전문적인 교육을 받기 위해 특수목적 고등학교(이하 특목고)에 진학하기도 한다. 특목고에도 여러 가지 종류가 있고 목표도 다르다. 대표적인 특목고 중 하나인 과학고는 창의적 과학 인재를 육성하는 목적으로 설립되었다. 따라서 과학고에 진학하면 수학, 과학, 화학 등 전문적인 교과를 필수로 이수해야 한다.

그리고 국제고의 경우에는 국제 경제와 사회 관련 연구를 공부하고 해당 교과를 이수해야 한다. 외국어고 역시 본인의 전공 언어를 선택하고 전문교과를 이수해야 한다. 이처럼 특목고는 전문교과를 이수하게 해서 특정 분야의 훌륭한 인재를 양성한다. 하지만 일부 특목고는 전문 인재 양성의 목적과는 다르게 운영되고 있다. 그중에 외국어고와 국제고는 대학 진학의 도구로 활용된다는 의견이 많이 2025년 일반고로 일괄 전환될 예정이다.

　고등학교가 목적에 따라 나뉘어 있는 것처럼 업종도 다양하게 나뉘어 있다. 모든 사업에 균등하게 예산이 투입되면 가장 좋다. 하지만 정부에서도 세계적인 경쟁력을 가지기 위해서는 일부 주력업종에 예산이 집중된다. 세계에서 독보적인 위치의 기술이나 경쟁력이 있어야 국가적 이익이 커지기 때문이다.

　산업통상자원부의 보도자료에 따르면, 2022년 7월 12일 이창양 장관은 새 정부 업무계획을 대통령에게 보고했다. 산업 대 전환 시기에 첨단산업 육성과 주력산업의 고도화를 지원한다는 내용이 포함되어 있다. 첨단산업에 민간 기업이 신속하고, 과감한 투자를 할 수 있는 환경을 조성한다. 대표적으로 반도체, 디스플레이, 배터리(이차 전지), 인공지능(AI) 로봇을 집중적으로 지원할 계획이다.

　또한, 주력산업의 경우에는 디지털과 그린 대전환의 패스트 무버 전략을 추진한다. 대표적인 주력산업은 자동차, 철강, 조선업이 대상이다. 그리고 제조업 경쟁력과 ICT 인프라를 활용해서 제조업과 서비스업의 융합을 가속화한다는 계획도 나와 있다.

　그리고 산업별 전문 인력을 14만 명을 양성한다. 2026년까지 1조 5,300억 원을 투입할 예정이다. 신산업에 3만 9,000명, 주력산업 5만 2,000명, 탄소중립 1만 2,000명, 산업 협력에 3만 9,000명을 양성한다. 석박사의 고급 인재부터 재직자를 위한 교육프로그램을 신설하고, 직무 전환 및 역량혁신을 위한 교육훈련도 실시한다. 2023년에는 사업인력혁신특별법(가칭)도 제정해서 추진할 계획이다.

이처럼 정부는 세계 시장의 흐름과 변화에 맞춰서 대응한다. 그리고 이런 대응 전략은 정부가 지원해주는 산업 업종에 직접적인 영향을 주고 예산도 집중 편성이 된다. 현재 우리나라의 대표적인 업종은 제조업이다.

제조업을 영위하는 기업은 기본적인 지원혜택을 많이 받을 수 있다. 그중에서 반도체, 석유제품, 석유화학, 일반기계, 자동차는 5대 주력업종에 속한다. 해당 주력업종들은 기본적으로 정부에서 지원을 꾸준히 하고, 추경을 통해서라도 추가 지원한다. 윤석열 정부에서는 중점적으로 '5대 메가테크'를 육성하겠다고 발표했다. 5대 메가테크는 AI 반도체·로봇, 양자 기술, 탄소중립, 항공우주, 바이오헬스 분야다. 해당 분야를 육성한다는 것은 국가 예산이 편성되면 먼저 지원하겠다는 약속이다. 매년 말 각 해당 분야를 담당하는 기관에서 예산 편성내용과 지원 방향이 무조건 공개된다.

정부가 정책과 예산을 통해서 지원하는 방법은 크게 2가지다. 기업의 규모나 상황에 맞게 직접 돈을 지원하는 방식과 컨설팅 및 교육 등 간접적으로 지원하는 방식이 있다. 직접 돈을 지원하는 방법에도 2가지로 나뉜다. 정부가 소정의 이자를 받고 융자 형태로 지원하는 방식이 있고, 일부 또는 전액을 지원하는 지원금 형태가 있다.

융자 형태의 경우에는 기업의 규모를 키우거나 시설을 확장할 때 필요한 돈을 지원할 때 사용하는 방법이다. 지원금의 경우에는 근로자 채용에 대한 인건비를 지원받거나 바우처, R&D 과제 수행 시 받을 수 있다. 특히, 조건에 맞는 근로자를 채용하면 지원금이 가장 많으니 고용노동부의 보도자료나 정책 자료를 수시로 모니터링하면 좋다.

정책자금 융자계획 공고문

2022년도 중소기업 정책자금 융자계획 공고							
공고번호	제2022-207호	신청기간	~	담당부서	기업금융과	등록일	2022.03.21
첨부파일	📄 22년_중소기업_정책자금_융자공고(본문)-_1차_개정.hwp [288 KB]			바로보기 ↗	내려받기 ↓	ODT내려받기 ↓	
	📄 22년_중소기업_정책자금_융자공고(참고)_F.hwp [1.25 MB]			바로보기 ↗	내려받기 ↓	ODT내려받기 ↓	

중소벤처기업부 공고 제2022-207호
'중소기업진흥에 관한 법률' 제66조 및 제67조에 따른 "2022년도 중소기업 정책자금 융자계획"을 첨부와 같이 공고합니다.
2022년 3월 14일
중소벤처기업부장관
◦ 주요 변경사항 : 긴급경영안정자금 경영애로 사유에 '우크라이나 사태 피해기업' 포함 등

출처 : 중소벤처기업부

2022년 11월 1일 중소벤처기업부는 공고문을 통해서 2022년 중소기업 정책자금 4차 개정 공고를 냈다. 2021년 12월 말에 2022년 계획공고를 내고, 총 4번의 개정이 있었다는 말이다. 이렇게 개정이 있을 때마다 공고문을 통해서 개정 공고한다. 이때 주요 내용이 변경되거나 추가적인 예산편성, 지원 분야가 있으면 공개된다.

개정 전 공고에서는 지원이 안 되었던 분야가 개정 후에는 지원이 되는 경우도 있다. 2022년 3월 14일 1차 개정은 긴급 경영안정자금의 경영 애로 사유가 개정되었다. 이때 우크라이나 사태 피해기업을 포함했다. 이렇게 되면 우크라이나 전쟁으로 피해를 본 기업들을 우선순위로 지원하게 된다.

소상공인 확인 기준

┌───┐

① 지원대상 확인 개요

○ 소상공인이란, 소기업❶ 중 소상공인❷ 기준을 충족하는 기업으로 영리를 목적으로 하는 법인기업과 개인사업자❸를 의미함

○ 따라서, 해당 업체의 소기업 범위(매출액) 확인 후, 소상공인(상시근로자 수) 범위를 확인하여 정책자금 대상여부를 확인

> 「소상공인기본법」 제2조에서 소상공인은 「중소기업기본법」 제2조제2항에 따른 소기업 중 상시근로자가 10명 미만인 사업자로서 업종별 상시 근로자 수 등이 대통령령으로 정하는 기준에 해당하는 자를 말한다.

❶ (소기업) 주된 업종별 평균매출액등이 소기업규모 기준에 해당하는 기업

❷ (소상공인) 주된 업종별 상시근로자가 소상공인규모 기준에 해당하는 기업

❸ (영리기업) '중소기업기본법' 상 중소기업이 될 수 있는 대상은 영리를 목적으로 사업을 영위하는 기업(법인, 개인사업자)이므로 비영리기업은 소상공인정책자금 지원대상에서 제외

  * 법인등록되어 있는 영리조합의 경우 지원가능(법인격 없는 조합 지원제외)

└───┘

출처 : 소상공인시장진흥공단

영세 소상공인을 전문적으로 지원해주는 기관도 있다. 바로 소상공인시장진흥공단이다. 공고문에 공개된 업종별 매출 규모나 상시근로자가 소상공인 규모가 되어야 신청할 수 있다. 공단에서 직접 자금을 융자해주기도 하고, 은행을 통해서 융자를 진행해주기도 한다. 공고문상에는 지원할 수 없는 업종 외에 모든 업

종이 신청할 수 있게 되어 있다. 심지어 숙박 및 음식점업도 지원할 수 있다.

하지만 소상공인을 지원하는 제도라도 제조업을 우선 지원한다. 그리고 제조업만 신청할 수 있는 전용 자금을 따로 운용하고 있다. 또한, 일반적인 중소기업보다 규모가 작은 소상공인을 지원해야 하니 지원 한도도 적다.

국가가 모든 사업에 대해 지원을 해준다는 것은 거의 불가능에 가깝다. 하지만 최대한 자신이 운영하는 사업에 맞는 정책을 찾고 최대한 활용해야 한다.

3장

자본금 0원으로
창업하는
7단계 원칙

정부가 좋아하는 업종으로 창업해라

국가기록원의 기록에 따르면, 1950년대 우리나라 경제는 전쟁 전후 복구와 원조에 의존했다. 당시 정부는 관련 법을 제정하면서 수출 관련 정책을 추진해 나갔다. 수출장려금을 지원하고 신시장을 개척한 기업에 대한 독점권을 부여하면서 수출을 촉진했다. 고령토, 납석, 형석, 마른 멸치, 건어 등 5개 품목은 수출 결손액을 정부가 보상해주기도 했다.

1960년대에는 경제개발 5개년 계획과 수출주도형 개발정책이 추진되면서 수출이 점차 활기를 띠었다. 합판, 가발, 신발 등 1차 경공업 제품의 수출 비중이 늘었고, 섬유제품은 전체 수출의 40%를 차지해 주요 수출 품목이 되었다. 1970년대에는 경공업 위주에서 중화학공업 육성정책을 적극적으로 펼쳤다. 기계, 선박, 철강 등의 중화학 제품들의 수출이 전체 수출의 40~50%를 차지하게 되었다. 2022년 기준 주요 산업 중 수출 비중이 가장 높은 업종은 반도체다. 그중 D램의 점유율은 세계 시장의 70% 이상을 차지한다. 주요 산업은 국가의 발전이나 세계적인 흐름에 따라 바뀌고 있다.

내가 자문했던 기업 중에 자세 교정과 훈련을 비대면 플랫폼으로 운영할 수 있도록 개발하고 있는 기업이 있다. 보통 자세 교정과 훈련은 직접 오프라인 현장에서 이루어진다. 직접 자세를 눈으로 보고 잘못된 부분을 가르치면서 자세를 잡아줘야 효과적이기 때문이다. 하지만 코로나19로 인해서 거리두기가 시행되면서 피트니스 강사나 요가 강사의 매출이 급감했다. 생존 자체가 위협을 받았다.

이런 위협에도 살아남을 수 있는 시스템이 시급했다. 이 기술은 강사들이 비싼 임대료와 센터가 없이도 모바일과 TV를 활용해서라도 수업을 진행할 수 있도록 했다. 단순히 영상으로 보는 게 아닌 AI를 접목해서 개인별 맞춤 동작을 추천하는 기술력까지 탑재했다. 인공지능을 이용하는 비대면 방식의 트레이닝 시스템에 대한 특허도 보유 중이다. 해당 기업은 기술력을 인정받아 중소벤처기업부 기술개발 사업 협약도 체결했다.

정부는 국가의 발전 정도나 세계적인 흐름에 맞춰 주력산업을 육성한다. 또한, 코로나19 같은 특수한 상황이 올 때는 현 상황을 종식하거나 제어할 수 있는 산업을 집중적으로 육성한다. 대표적으로 사회적 거리두기가 장기화하면서 비대면 산업과 디지털 전환 관련 산업을 육성했다. 그리고 이런 전환을 먼저 하는 기업에 정부지원이 집중되었다.

지금 상황에서 아무리 쌀농사를 많이 하더라도 정부에서 지원해주지 않는다. 고작 쌀 직불금을 챙겨주는 정도다. 하지만 이런 농업에 AI나 사물인터넷(IoT)을 연결하면 이야기는 달라진다. 대표적인 예로 스마트팜이 있다. 스마트팜은 일반적인 농업과 낙농업 등에 기술력을 접목해서 원격 조종으로 작물과 가축의 생육환경을 유지·관리할 수 있는 것을 말한다. 이런 사업에 대해서는 별도의 시스템으로 지원한다.

카페를 오픈하더라도 마찬가지다. 카페를 그냥 오픈하면 정부지원을 받기 힘들다. 카페는 휴게음식점 또는 일반음식점으로 분류되기 때문이다. 즉, 요식업이다. 요식업은 정부에서 주로 지원하는 형태가 아니다. 물론 규모가 크거나 정직원이 많을 때 일부 지원할 수도 있다. 하지만 소상공인이나 자영업자가 요식업으로 창업 후 정부지원 요건을 갖추기는 아주 힘들다. 하지만 카페에서 디저트를 직접 만들거나 원두 가공을 한다면 상황은 달라진다.

이유는 디저트를 만들거나 원두 가공을 한다는 것은 식품을 제조한다는 뜻이기 때문이다. 식품을 제조하게 되면 제조업으로 업종 등록이 가능하다. 단, 카페에서 제조하는 공간과 판매를 하는 공간이 분리되어 있어야 한다. 그리고 제조와 관련된 자격증이나 경력이 있는 근로자가 있어야 한다. 제조업은 전통적으로 정부에서 지원하는 업종이다. 그리고 소상공인이나 자영업자라 해도 지원해준다. 하지만 이렇게 모든 조건을 갖췄다고 해도 사소한 실수 하나로 정부지원금을 못 받는 경우도 있다.

개인사업자 등록증과 법인사업자 등록증

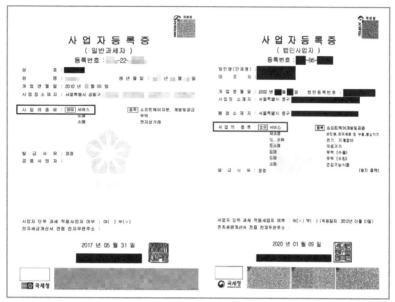

출처 : 국세청

개인사업자 등록증과 법인사업자 등록증이 있다. 두 사업자 모두 사업의 종류를 보면, 맨 위의 업태가 서비스업으로 되어 있다. 업태의 종류가 많더라도 맨 위에 있는 업태가 해당 사업장의 주사업이다.

사업자를 등록할 때는 한국표준산업분류에 따른 코드로 등록되고 분류하게 된다. 각 분류에 따라 코드가 전부 다르다. 사업자등록을 할 때 이런 코드까지 정확한지 따져보고, 사업자등록을 하는 사람은 거의 없다. 담당자가 어떤 사업을 하는지 물어보고, 대충 그 사업에 맞다 싶으면 그냥 사업자등록을 한다. 이 기업은 주로 소프트웨어를 개발하고 공급한다. 단순 서비스업이 아니다.

정확하게 코드를 지정해야 하는데 정확한 코드를 찾는 방법은

사업자등록 시 정확한 업태, 업종 등록하기

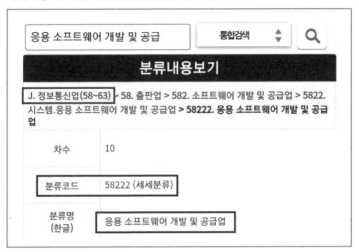

출처 : 통계분류 포털

'통계분류 포털'을 활용하면 된다. 통계분류 포털은 통계청에서 산업 관련 통계자료의 정확성, 비교성 등을 확보하기 위해서 작성된 분류다. 분류는 대분류, 중분류, 소분류로 나뉜다. 이 분류표에서 조회해보면 산업, 업종마다 코드가 전부 부여되어 있다. 정부 지원금의 지원 업종에 대해서는 이 분류표에서 정한 분류 코드를 기준으로 적용된다. 정확하게 말하면 소분류 코드 5자리가 어떻게 되는지에 따라 정해진다고 보면 된다.

이 두 사업장의 경우에는 정확한 코드를 분류하자면 대분류는 정보통신업이다. 대분류가 업태가 된다. 그리고 소분류는 두 사업장 모두 소프트웨어를 개발하고 공급한다. 소분류는 업종이 되는데, 응용 소프트웨어 개발 및 공급업이 되는 것이다. 이렇게 수정해야 정확한 업태, 업종이 등록된다.

만약 분류 코드가 잘못되어 있으면 변경할 수 있다. 개인사업자는 국세청 홈택스에서 업종 정정만 선택해서 변경할 수 있다. 법인사업자는 각 관할 세무서로 가서 사업자 등록정정 신고를 하면 바로 변경할 수 있다. 변경 후 사업자등록증을 다시 출력하면 업태와 업종이 변경되어 있다. 그러면 최종적으로 완료가 된 것이다.

한편 일반 서비스업이라고 할지라도 정부지원금을 신청하지 못하는 것은 아니다. 소상공인이나 자영자라면 소상공인시장진흥공단에서 정부지원금을 관리한다. 오직 소상공인을 위한 정부지원금으로 연 매출이 일정 금액이 넘어가면 지원조차 되지 않는다. 제조업 기준 연 매출 120억 원 이하, 숙박 및 음식점업은 연 매출 10억 원 이하만 지원할 수 있다. 또한, 상시근로자 수도 제조업, 건설업 등 일부 업종은 10명 미만, 기타 업종은 5명 미만인 경우 신청이 가능하다.

소상공인시장진흥공단 또한 업종 구분은 한국표준산업분류의 원칙에 따른다. 만약 하나의 기업에 2개 이상의 서로 다른 사업을 하면 매출이 큰 사업은 주된 사업으로 본다. 중소기업진흥공단처럼 중점적으로 지원해주는 사업에 대한 언급은 없다. 하지만 실질적으로 상담을 받거나 자문하다 보면 주요 지원 업종에 대한 지원 비율이 높다.

따라서 되도록 정부가 좋아하는 업종으로 연계를 하는 것이 훨씬 유리하다.

02 정부정책에 항상 관심을 가져라

나라마다 국가산업의 핵심인 주력산업이 존재한다. 주력산업은 각 국가산업의 핵심으로 경제성장 속도를 결정한다. 또한, 경제적 비중을 차지하는 비율도 상당히 높다. 2022년 5월 발표한 산업연구원 보도자료에 따르면, 우리나라에는 3개의 군에 13대 주력산업이 존재한다. 이 주력산업이 어떻게 성장하고 발전하는가에 따라 경제발전 정도가 달라진다. 국가 전체의 경제발전에 중심 산업이라고 볼 수 있다.

이유는 해당 산업이 위축되면 국가 경제발전이 위축되고, 경기침체 및 고용 문제까지 이어지기 때문이다. 반도체 산업의 예를 들어보자. 반도체를 완성하는 공정을 살펴보면 크게 3개의 공정 과정을 거친다. 반도체를 설계해서 칩을 생산하고 조립 후 검사를 해야 한다.

반도체의 모든 공정을 종합적으로 할 수 있으면 종합 반도체 회사(IDM)라고 한다. 우리나라에는 삼성전자, SK하이닉스가 대표적이다. 이런 종합 반도체 회사는 세계적으로도 드물다. 그래서 전문적인 기술력으로 각 공정 중에 하나만 집중하는 기업이 많다. 주력산업인 만큼 추가적인 고용이나 인재 양성 로드맵을 세우기도 한다.

이처럼 정부는 주력산업에 많은 지원을 한다. 또한, 주력산업 외에도 정부가 지원을 잘해주고 좋아하는 업종을 알 방법이 있다. 가장 큰 흐름은 국무조정실에서 운영하는 정부 업무평가 포털을 보면 알 수 있다. 검색사이트에서 '정부 업무평가 포털'을 검색하면 접속할 수 있다. 정권이 바뀔 때마다 정부는 국정과제를 발표한다. 이번 정권에서는 6개의 국정목표와 120대 국정과제로 구성된다.

이 국정과제를 잘 살펴보면 이번 정부가 어떤 업종을 주력으로 지원하는지 알 수 있다. 첫 번째, 제조업 등 주력산업 고도화로 일자리 창출의 기반을 마련한다. 제조업에 디지털 기술을 접목하는 디지털 혁신을 도모한다. 그리고 제조업의 그린 전환을 가속해서 저탄소 시대를 선도한다. 생산성과 부가가치의 혁신을 동시에 이루기 위한 기반을 조성한다. 모빌리티 혁명을 통해 친환경·지능형 모빌리티 전환을 촉진한다.

두 번째, 반도체·AI·배터리 등 미래 전략산업 초격차(超隔差) 확보다. 경제안보 확보를 위해 반도체, 배터리 등 국가 첨단전략산업 성장 기반을 마련한다. 또한, 4차 산업혁명 관련 디지털 실현

산업 수요 연계를 강화한다. 또한 팬데믹, 인구구조, 기후 위기 등 사회문제를 해결하기 위한 신산업도 육성한다.

세 번째, 바이오·디지털 헬스 글로벌 중심국가 도약을 목표로 하고, 바이오헬스 산업을 수출 주력산업으로 육성한다. 디지털 헬스케어와 빅데이터 기반 첨단·정밀 의료도 확산한다.

네 번째, 신성장동력 확보를 위한 서비스 경제 전환도 촉진한다. 제조업과 서비스업 간의 차별을 해소하기 위해 서비스산업의 종합적 지원을 위한 제도적 기반을 구축한다. 또한, 서비스특화제도를 도입하고 서비스산업 인프라 고도화도 추진한다.

그리고 예비 창업단계부터 지원하는 내용도 나온다. 창업부터 실제 사업화 성숙 단계까지 완결형 패키지 정책을 구축할 계획이다. 신산업 분야를 육성하기 위한 프로젝트와 민간 주도 예비창업 프로그램을 신설한다. 거기에 재도전 환경도 조성하는데, 사업 전환 체계를 선진화하고 재도전 기반도 조성한다.

이런 정부 국정과제가 100% 실행된다고는 볼 수 없다. 코로나 19처럼 변수도 있고, 특수한 상황이 생길 수 있기 때문이다. 하지만 앞의 국정과제를 중심으로 모든 정부지원과 창업지원이 집중되는 것은 사실이다. 매년 중소벤처기업진흥공단에서 발표하는 정부지원정책자료를 보면, 우선으로 지원하는 분야가 있는데 정책에 따라 조금씩 달라진다.

중소벤처기업진흥공단 정부지원 융자대상

출처 : 중소벤처기업진흥공단

2020년 정부에서 우선 지원하는 분야는 총 7개 분야였다. 하지만 2022년에 발표된 내용을 보면 그린 분야, 비대면 분야, 유망소비재산업이 추가되어 총 10개 분야로 늘어났다. 이 분야들을 '중점지원 분야'라고 한다. 이런 중점지원 분야를 영위하고 있는 사업자는 각종 혜택이 많다. 중소벤처기업진흥공단의 정부지원 요건 중 하나는 소상공인은 지원이 안 된다는 것이다. 소상공인의 기준은 상시근로자 수로 판단한다.

상시근로자란, 근로계약이 1년 이상이고, 월 60시간 이상 근무하는 사람을 말한다. 광업과 제조업 등 일부 업종은 상시근로자 수 10명 미만, 그 밖의 업종은 상시근로자 수 5명 미만이면 소상공인으로 본다. 이렇게 소상공인으로 판단이 되면, 원칙적으로는 중소벤처기업진흥공단의 정부지원을 받을 수는 없다. 하지만 '중점지원 분야'에 속해 있는 사업장은 지원할 수 있다.

코로나19가 심했던 2021년에는 그동안 지원을 꺼렸던 업종까지도 지원했다. 당시 집합 금지 및 제한시설 업종에 대해서도 지원했다. 집합 금지 업종의 감성주점, 헌팅포차, 노래방 등 11개 업종과 집합 제한 업종의 식당, 카페, PC방 등 9개 업종도 지원대상에 포함했다. 물론 한시적으로 지원했고 상시근로자 수도 5명 이상이어야 했다. 일부 조건이 있었지만, 사회적 배경에 따라 전혀 대상이 아니었던 업종도 지원을 확대한 것이다.

매년 4분기가 되면 대부분의 정부기관들이 내년 지원정책이나 운용 방향성에 대해서 공개한다. 기관별로 전체 예산이 공개되고 어떤 사업과 지원에 예산이 투입될지 세세한 금액까지 공개된다. 일자리 지원이라고 하면 지원 규모와 방식, 대략적인 날짜까지 알려준다. 공개 후 일부 수정이 되거나 사업이 변경되는 예도 있는데 이럴 때도 수정된 공고를 다시 공개해준다.

기획재정부, 고용노동부, 중소벤처기업부, 창업진흥원 등 각종 기관 홈페이지를 통해 항상 정보를 수집해야 한다. 수집된 정보를 바탕으로 자신의 사업장이 어떠한 혜택을 볼 수 있는지 수시로 점검해야 한다. 그리고 조건이 안 되거나 조금 부족한 부분은 보완할 방법을 찾아서 혜택을 받도록 노력해야 한다.

정부 정책에 얼마나 관심을 가지고 찾아보는지에 따라 정부지원금 혜택도 늘어난다는 것을 명심하자.

정부사업지원금 종류와 특성을 파악해라

내가 조경사업을 운영할 때 사업자금을 마련하는 것만큼 힘들었던 일이 하나 더 있었다. 바로 수많은 나무의 이름과 종류를 구분하는 것이었다. 갑작스럽게 전역하고 나무에 대해서는 아무것도 몰랐던지라 이름조차 외우기가 힘들었다. 또한, 나무별로 생육환경이 달라서 관리하고 보관하는 방법 또한 모두 달랐다. 특히 봄이나 가을에는 묘목을 판매했는데 묘목의 종류가 워낙 많았다.

조경사업을 운영하기 전에는 내가 알고 있는 사과의 종류는 딱 2가지였다. 열매가 맺히고 익으면 초록빛이 나는 것과 붉은빛이 나는 것. 이렇게만 알고 있었는데 똑같은 사과라도 품종이 너무 다양했다. 그 품종에 따라 모두 다르게 표시하고 확인해야 했다. 행여나 품종이 섞여버리면 키우는 방법과 열매를 맺는 시기가 모두 달라서 농사 자체를 망칠 수도 있었다.

이처럼 정부사업지원금도 종류가 아주 다양하다. 너무 종류가 많아서 어떤 것을 신청하고, 어디에 신청해야 하는지 감을 잡을 수 없다. 관리하는 방법도 기관마다 다르다. 정확한 종류나 특성을 파악하지 않고 신청하면 큰 낭패를 볼 수 있다. 큰 틀부터 하나씩 살펴보자.

정부사업지원금과 지원 수준

□ 융자조건

○ 창업기반 지원 자금(일반)

구 분	융자 조건
대출한도	연간 60억원 이내 (운전자금은 연간 5억원 이내)
대출기간	(시설자금) 10년 이내 (거치기간 : 담보 4년 이내, 신용 3년 이내) (운전자금) 5년 이내 (거치기간 : 2년 이내)
대출금리	정책자금 기준금리(변동) - 0.3%p
대출방식	직접대출, 대리대출
기 타	별표3(사업별 대출한도 우대기준)에 해당하는 기업은 대출한도 우대 가능

3	지원 수준

3-1 지원대상 청년 1인당 지원금은 월 최대 80만원, 1년 최대 960만원(최대 12개월 지원)

○ 지원금은 사업주가 지원대상 청년에게 지급한 월 임금의 80%를 초과할 수 없음

○ 지원금 지급 대상이 되는 청년이 월 중간에 이직한 경우, 해당 월의 지원금은 출근기간 만큼 일할 계산하여 지급함

- 단, 6개월 미만 근무 후 청년이 이직한 경우는 지원금을 지급하지 않음

출처 : 중소벤처기업진흥공단, 고용노동부

정부사업지원금은 크게 2가지로 나뉜다. 첫 번째는 기관에서 사업성 평가를 해서 사업자금을 저리로 대출해주는 정책자금이다. 대출이므로 일정 기간이 지나면 이자와 함께 갚아야 한다. 두 번째는 연구개발지원이나 인건비 지원 같은 비용을 지원해주는 지원금이다. 지원금은 정책자금과는 달리 갚아야 할 의무가 없다. 말 그대로 기업에 지원해주는 돈이다.

정책자금에도 2가지 종류가 있다. 은행을 거치지 않고 바로 자금을 대출해주는 직접 자금과 은행과 연계해서 대출해주는 간접자금이 있다. 직접 대출의 특징은 기관에서 은행을 거치지 않고 바로 집행한다. 조건만 맞으면 대출 실행속도가 빠르다. 하지만 기관에서 직접 관리를 하고, 추가적인 대출 연장은 거의 불가능하다. 대출 기간 내에 모두 상환해야 한다.

반면 간접 자금은 기관에서 서류심사나 현장 심사를 한다고 하더라도 최종 대출실행은 은행에서 한다. 그래서 보증서의 형태로 이루어진다. 보증서는 채무이행에 대한 보증 등을 약속하는 문서다. 정부기관에서 해당 사업자에 대한 채무를 보증해주는 거다. 혹시라도 사업자가 채무이행을 올바로 하지 않았을 때는 정부가 대신 채무금액만큼 은행에 지급한다.

은행으로서는 가장 믿음직한 보증인이다. 따라서 보증한도도 직접 대출보다 클 경우가 많다. 또 하나의 특징은 보증서를 통해서 이루어지기 때문에 대출연장도 상대적으로 직접 대출보다 쉽게 된다.

다른 지원금의 종류에는 각종 바우처도 있다. 바우처는 일정 조건을 갖춘 사람이나 기업이 교육이나 복지서비스를 받을 수 있도록 정부가 비용을 지급하는 것을 말한다. 코로나19로 인해서 원격·재택근무가 확산하면서 화상회의 시스템 도입 비용도 지원해줬다. 그리고 청년 창업자 중에 세무 기장 요금을 지원해주는 바우처 사업이 있다. 이런 바우처 사업은 업종별로 종류가 다양하다.

지원금은 말 그대로 지원해주는 돈이기 때문에 그냥 쓰면 된다. 정책자금처럼 대출이 아니라서 상환 의무가 없다. 사업주로서는 지원금을 많이 받기를 원한다. 하지만 지원금을 받기 위해서는 여러 가지 조건이 있다. 채용하는 방법부터 관리하는 방법까지 공문에 나와 있는 내용대로 해야 한다. 또한, 지원 한도도 정해져 있고, 기존에 채용된 근로자가 아닌 신규 채용을 위주로 지원해준다. 일부 기존에 채용한 근로자를 위한 지원금도 있지만, 지원 금액이 너무 적다.

이처럼 정부는 여러 가지 방향으로 기업을 지원하고 있다. 지원하는 기관도 아주 다양하다. 기관별로 특징을 정확하게 알고 관련 공문을 보고 숙지해야 한다. 주요 기관별로 필수적인 기관과 특징을 공개한다.

중소벤처기업 진흥공단(중진공) : www.kosmes.or.kr

국내의 중소·벤처기업을 전문으로 지원하는 기관이다. 정책자금 융자, 수출 마케팅, 해외산업 협력 지원, 인력 양성까지 다양한 분야에서 지원한다. 또한, 업종전문가 진단을 통해 기업애로를 분석 후, 해결책을 제시하는 중소기업 진단도 지원한다. 가장 대표적인 지원은 정책자금 융자다. 대부분 융자의 형태는 직접 대출의 형태로 이루어진다.

기술보증기금(기보) : www.kibo.or.kr

기술보증기금법에 따라 설립된 정부 출연기관이다. 기술혁신형 기업에 기술보증 및 기술평가를 중점 지원한다. 주요 지원은 기술보증, 기술평가, 기술이전 및 사업화 지원, 기술보호 등을 지원한다. 특징은 기업이 가지고 있는 무형의 기술력을 평가 후 보증을 진행한다. 중소벤처기업 진흥공단과는 달리 기술보증서를 은행에 발급하는 간접대출의 형태다. 기술력 위주로 평가하므로 단순한 도소매업이나 서비스업은 지원할 수 없다.

신용보증기금(신보) : www.kodit.co.kr

1976년에 설립된 중소기업 전문 정책금융 기관이다. 기보가 기술력 중심의 기업을 지원한다면, 신보는 매출이나 기업 신용, 대표신용 등을 중심으로 지원한다. 기보보다는 조금 더 다양한 업종을 지원한다고 할 수 있다. 주요 업무는 기업의 운전자금이나 설비자금 확보를 위한 보증서를 발급한다. 기보와 마찬가지로 간접대출의 형태다.

소상공인시장진흥공단 : www.semas.or.kr

소상공인 육성, 전통 시장 및 상점가를 지원하고 활성화를 위해 설립된 준정부

기관이다. 주된 지원내용은 소상공인 정책자금, 시장 경영 패키지 지원 등이 있다. 대표적인 지원사업은 소상공인 정책자금이다. 정책자금 지원 형태는 직접 대출과 간접 대출, 2가지를 모두 다룬다. 직접 대출은 제조업을 영위하거나 스마트 설비를 도입하는 등 일부 기준에 맞는 소상공인을 대상으로 한다. 직접 대출 외의 일반적인 정책자금은 모두 간접 대출로 이루어진다. 특히 제조업을 영위하는 소상공인을 위한 전용 자금도 있다.

신용보증재단 : www.koreg.or.kr:444

소기업과 소상공인을 위주로 신용보증 업무를 지원하는 지방자치단체 산하의 기관이다. 신용보증재단중앙회를 제외하고 광역 자치 단체별로 하나의 재단을 운영하고 있다. 총 17개의 신용보증재단을 운영 중이다. 신보나 기보와 마찬가지로 보증서를 활용하는 간접대출 형태로 지원한다. 지원 규모는 신보나 기보보다 적다.

고용노동부 : www.moel.go.kr

고용정책과 근로에 대한 사무를 총괄하는 중앙행정기관이다. 지원금 중에 고용 창출이나 유지에 대한 지원금이 가장 많다. 해당 지원금에 관한 모든 정책 자료와 정보를 볼 수 있고, 예산 규모까지 공개가 되어 있다. 고용과 관련된 지원금을 알기 위해서 매일 들어가봐야 하는 사이트 중 하나다.

고용보험 : www.ei.go.kr

고용노동부에서 정해진 고용정책과 지원금에 대한 실질적인 업무를 진행하는 곳이다. 각종 고용 관련 지원금을 신청하고 조회할 수 있다.

04 법인사업자로 창업해라

2022년 7월에 회사 동료에게 전화가 왔다. 개인 고객 중에 경남 진주에서 육가공 업체를 운영하는 A대표가 있는데, 기업운영에 대한 조언을 요청했다는 것이다. 일정을 조율하고 회사 동료와 같이 경남 진주로 내려갔다. A대표와 만나서 이야기를 들어보니 현재는 개인사업자로 운영 중인데, 법인으로 전환해야 할지 고민 중이라고 했다. 이때 나는 법인으로 전환하려는 특별한 이유가 있는지 물어봤다.

대표가 답하기를, 개인사업자로 운영하니 주변에 있는 법인대표들이 무시한다는 것이다. 실제로 매출이나 거래처 현황을 보면 본인이 훨씬 더 크고 좋은데, 법인이 아니라는 이유로 무시를 당하는 일이 많다는 것이다. 그래서 A대표가 법인대표에게 대체 법인으로 운영하면 뭐가 좋은지 물어보니 대답을 시원하게 들을 수 없었다고 했다.

개인사업자와 법인사업자의 차이

구분	개인사업자	법인사업자
사업자등록 절차	관할 세무서 또는 홈택스에서 즉시 사업자등록 가능	법인 설립 등기 후 사업자등록 가능
적용세율	소득세 6~45%(지방소득세 별도)	법인세 10~25%(지방소득세 별도)
이익금 분배	개인이익으로 인정	법인 귀속 후 배당절차 거쳐야 함.
책임 범위	무한책임	주주는 유한책임
자금 사용 범위	개인 소유이므로 자율	업무 관련 자금만 사용 가능
대외신용도	상대적으로 낮음.	상대적으로 높음.
정부지원금 선호도	낮음.	높음.
기장의무	소득에 따른 간편장부 또는 복식장부	무조건 복식장부

출처 : 저자 작성

그래서 표로 정리한 자료를 보여주면서 개인사업자와 법인사업자의 차이를 설명해줬다. 개인사업자와 법인사업자는 사업자의 성격부터 조금 다르다. 개인사업자는 사업과 자신이 하나로 움직인다. 즉, 대표의 이름으로 사업자등록을 해서 모든 이익은 대표 개인에게 귀속되고 자금 사용도 쉽다. 한편 법인사업자는 설립이 되면 법인등록번호가 나온다. 개인의 주민등록번호처럼 하나의 주체가 된다.

법인사업체와 대표는 남남이 되는 것이다. 대신 법인사업체는 실체가 없으니 대표가 대신 위임을 받아서 일하는 것뿐이다. 따라서 대표가 이익을 받으려면 정관에서 정한 범위 내에서만 가능하다. 그리고 이익 분배도 상법에서 정한 절차대로 배당받아야만 추가적인 이익도 가지고 올 수 있다. 이런 절차가 없다면 법인의 돈을 자유롭게 쓰지 못한다.

민법 제686조 수임인의 보수청구권 1항에 보면 '수임인은 특별한 약정이 없으면 위임인에 대하여 보수를 청구하지 못한다'라고 규정되어 있다. 법인과 대표는 위임관계이기 때문에 정관이나 특별한 약정이 있는 계약서가 없으면 보수 자체를 받을 수 없다. 그러한 규정을 지키지 않고 보수를 청구하거나 지급하면 횡령에 해당한다.

또한, 상법에도 관련 사항이 명시되어 있다. 상법 제388조를 보면 '이사의 보수는 정관에 그 액을 정하지 아니한 때에는 주주총회의 결의로 이를 정한다'라고 되어 있다. 이처럼 정상적인 절차를 거치지 않으면 대표는 보수를 받을 수 없는 구조로 되어 있다. 개인사업자보다 불편한 절차가 더 많은 셈이다.

하지만 장점도 있다. 이런 법적인 절차로 돈을 사용하고 관리하기 때문에 대외신용도는 개인사업자보다 좋다. 이런 이유로 은행도 사업자 대출을 진행할 때 법인사업자를 선호한다. 개인사업자보다는 자금 활용이나 절차, 체계가 더 정확하다고 보기 때문이다. 또한, 정부기관도 법인사업자를 선호한다. 똑같은 사업 아이템과 발전성이 있다고 가정했을 때 법인사업자에게 먼저 기회를 제공한다.

조달청이나 공공기관 납품, 대기업에 제품을 납품할 때도 법인사업자만 입찰할 수 있는 권한을 가지기도 한다. 거기에 기업 신용등급까지 까다롭게 보는 업체도 있다. 내가 A대표에게 이렇게 설명하면서 강조한 내용이 있다. 단순하게 세금을 위해서 법인으로 전환하려고 한다면 신중하게 고민해야 한다는 것이다.

대부분 전문가나 대표들이 세금 절세만을 위한 수단으로 법인

사업자를 선택한다. 이유는 단편적으로 보면, 개인사업자가 법인사업자보다 세금을 많이 내는 것 같기 때문이다. 20억 원이라는 이익을 냈다고 했을 때 개인사업자는 세율이 45%, 법인사업자는 20%이기 때문이다. 하지만 개인사업자는 소득세를 한 번만 내면 나머지 돈에 대해서는 무엇을 하든 상관없다. 반면 법인은 이득에 대한 법인세와 대표 소득에 대한 소득세를 따로 납부해야 한다.

 법인과 대표는 남남이라고는 하지만, 대부분 법인은 대표가 직접 자본금을 투자해서 설립했다. 운영도 개인사업자처럼 직접 운영하거나 노동을 제공하기도 한다. 따지고 보면 대부분 법인은 규칙과 절차가 좀 더 규정되어 있는 큰 개인사업자라고 봐도 무관하다. 현실이 이러니 법인세를 내더라도 대표 개인이 내는 것과 같다. 거기에 대표가 법인에 받은 연봉은 소득세를 또 내야 한다. 돈이 이중으로 나가는 느낌이다.

 그리고 사업 운영을 모두 마치고 사업을 폐업하거나 청산할 때도 개인사업자와 법인사업자는 차이가 난다. 개인사업자는 사업자등록을 할 때처럼 세무서나 홈택스로 신고만 하면 절차가 마무리된다. 하지만 법인사업자는 절차가 따로 있다. 특히 회사의 자산이 부채보다 많을 때는 절차가 더 복잡해진다.

 이때는 해산 및 청산을 진행해야 한다. 상법 절차에 따라 주주총회를 열어서 해산을 결의하고 청산인을 선임한다. 그 후 2주 이내에 해산 사유와 재무제표 등 서류를 신고한다. 또한, 공고 기간이 2개월 이상인 청산 공고를 신문사나 홈페이지에 총 2회 이상 공고도 한다. 그 후 주주에게 남은 잔여재산을 분배한다. 이때 청산소득에 대한 법인세와 소득세를 추가로 내야 한다.

이처럼 단순하게 숫자로 보이는 세금만으로 법인사업자가 유리하다고 판단하기는 힘들다. 그런데도 내가 창업을 법인사업자로 하라고 하는 이유는 법인의 유리한 점을 최대한 활용하자는 취지다. 반드시 활용해야 할 장점 중 하나는 개인사업자는 할 수 없는 배당은 꼭 해야 한다. 배당은 주식을 가지고 있는 사람에게 그 소유 지분에 따라 기업의 이윤을 분배하는 것이다. 법인사업자는 설립 시에 자본금만큼의 주식을 발행한다. 그리고 주식을 받은 사람은 가족이나 타인에게 양도나 증여도 할 수 있다.

만약 미성년자인 자녀에게 40%의 주식을 증여한다고 가정해보자. 미성년자는 10년 동안 최대 2,000만 원까지 증여해도 비과세다. 40%의 주식이 2,000만 원을 넘어가지 않으면 세금 없이 증여할 수 있다. 이렇게 증여를 후배당하게 되면 배당금의 40%는 자녀에게 간다. 그러면 일하지 않는 미성년자녀라도 자금출처가 확보된다. 배당은 일하지 않는 가족이나 자녀에게 자금출처를 마련해줄 수 있는 중요한 방법이다.

법인사업자를 하나의 절세의 도구로만 생각하지 말자. 정관이라는 규칙을 준수하고 상법 절차에 맞는 운영만 하면, 나라에서 정식으로 혜택을 주는 사업자 형태다. 또한, 정부지원금을 받기 위한 유리한 형태인 것도 확실하다. 이득이 되는 형태를 갖추고 운영만 제대로 하면 개인사업자보다는 훨씬 유리하다.

05 정부사업지원금의 변화를 주시해라

2015년 12월 25일 오후 3시, 아내와 나의 사랑으로 한 생명이 태어났다. 3.61kg의 몸무게로 건강하게 세상으로 나왔다. 아내와 연결된 탯줄을 내 손으로 직접 자르고 소중하게 안았다. 당시에 자주 부르던 태명으로 부르니 울음을 그치고 나를 쳐다보던 그 모습을 아직도 잊을 수 없다. 내가 아빠가 되었다는 감정과 새롭게 태어난 아이와 가족을 위해 더 열심히 살아야겠다는 굳은 결심을 하게 된 날이다.

그때부터 2022년 10월, 지금까지 수많은 일이 있었다. 사업을 정리하고 직업을 바꾸게 되었고, 그러면서 대구와 서울에 오가는 삶이 시작되었다. 아내는 독박육아를 시작했고, 나는 서울에서 아무 경험이 없는 보험설계사 일을 시작했다. 육아에 지친 아내는 울기도 했고, 미안했던 나는 어떻게든 빨리 자리를 잡으려 노력했다. 다행히도 약 2년 전에 모든 것을 정리하고 김포로 이사해서 정착했다.

한 개인의 인생도 몇 년 사이에 많은 일과 변화가 생긴다. 하물며 한 나라의 국정은 한 개인의 일보다 변수가 더 많다. 국정을 아무리 잘 운영해도 세계정세가 어려우면 나라도 같이 어려워진다. 거기에 돌발 변수도 수시로 나타난다. 코로나19 상황이 대표적인 변수다.

한국경제연구원의 보고서에 따르면, 2021년 한계기업의 수가 코로나19 이전인 2019년보다 23.7% 늘어난 것으로 나타났다. 한계기업 기준은 3년 연속으로 영업이익으로 이자 비용도 감당하지 못하는 기업을 말한다. 이런 기업은 비용을 절감하기 위해서 구조조정을 활성화하거나 원가절감을 단행한다.

기업도 힘들지만, 소상공인과 자영업자, 국민 모두 힘든 시기다. 경기가 극도로 침체하면서 경기부양을 목적으로 금리도 인하했다. 하지만 금리 인하로 경기부양의 효과가 없자 돈을 직접 찍어냈다. 천문학적인 돈을 양적완화 정책으로 푼 것이다. 이런 상황에서는 기존에 정해졌던 정부 정책도 양적완화를 기준으로 바뀐다.

코로나19처럼 특수한 상황이 되면 모든 국정운영은 현 상황을 해결하거나 지원하기 위한 방향으로 집중된다. 2020년 3월에 기획재정부 장관 주관으로 제1차 위기관리 대책 회의가 열렸다. 당시 코로나19 사태가 글로벌 대유행 단계로 악화하면서 경제위기의 속도가 심각했기 때문이다. 코로나19 관련 추경안도 신속하게 확정되었다.

중소기업과 소상공인·자영업자를 지원하고, 취약계층의 금융

부담을 완화하는 정책이다. 총 50조 원에 달하는 대규모 정책이다. 당시 피해가 심각했던 일부 지역에는 특별재난지역으로 선포하고 추가로 지원했다. 또한, 코로나19로 인한 피해로 기업의 고용유지가 극도로 불안해졌다.

이것을 방지하기 위해 모든 업종에 대해 고용유지에 대해 지원을 했다. 휴업·휴직을 하더라도 고용을 유지하고 월급의 70%를 지급하면 그중 90%를 정부에서 지원해줬다. 예를 들면 월급이 200만 원인 사람이 휴업·휴직을 해도 기업에서 140만 원을 월급으로 지급한다. 그러면 정부에서 140만 원의 90%까지 기업에 지원한다.

여기에 금융지원정책도 쏟아졌다. 기존 대출금에 대한 만기상환을 유예하거나 각종 세금 납부에 대한 기간도 연장해줬다. 필요하면 법률을 개정해서라도 지원을 아끼지 않았다. 그 결과 코로나19 상황을 극복하기 위한 지원을 위해 4차 추경까지 진행했다. 총 추경 금액만 66조 8,000억 원이다.

2022년에도 어김없이 2차 추경 예산안이 2022년 5월 29일에 국회 본회의를 통과했다. 추경 규모는 일반지출 기준 39조 원이다. 예산의 중점은 소상공인·취약계층 지원과 방역 보강, 민생·물가 안정이다. 그중에 소상공인과 취약계층 지원이 28조 7,000억 원으로 가장 많다. 여전히 코로나19로 인한 피해가 이어지고 있는 손실 보상을 집중적으로 지원했다.

이런 추경과 관련된 소식이나 지원 부분을 가장 먼저 알 수 있는 곳은 기획재정부다. 기획재정부는 국가 재원을 효율적으로 배분하고, 경제정책 방향의 수립과 총괄을 하는 국가기관이다. 각종 비상대책회의나 재정 관련 정책, 국세 수입 현황 등 모든 사항을 기획재정부에서 확인할 수 있다. 2022년 1월 1일부터 2022년 9월 30일까지 올라온 보도·참고 자료만 572건이다. 하루에 1개 이상의 자료가 등록된다는 것이다.

매년 12월이 되면 기획재정부에서는 내년 경제정책 방향을 발표한다. 2022년 12월에도 2023년의 경제정책 방향을 발표했다. 그중 기업과 관련된 주요 내용은 차세대 성장 동력 보강을 위한 정책이다. 주력 제조업 및 서비스산업 혁신을 통한 산업 경쟁력을 강화하기 위한 정책이 있다. 만약 제조업이나 서비스산업을 운영하는 사업자라면 해당 내용을 정확하게 알고 있어야 한다.

그리고 정부정책의 방향이 가장 많이 변하는 시기는 정권교체 시기다. 2022년에 20대 대통령 선거를 하면서 정권이 교체되었다. 정권이 교체되면 기존에 유지하고 있었던 정책도 대폭 수정이 된다. 이전 정권에는 고용과 복지에 가장 많은 예산이 투입되었다. 소득 주도 성장을 위한 일자리를 늘렸고, 각종 복지 프로그램을 운영했다.

교체된 정권에서는 경제 활력을 중심으로 국정이 운영된다. 물론 아직 코로나19가 종식되지 않아서 고용과 복지 부분에 가장 많은 예산이 측정되었다. 하지만 기존 정권에서 규제했던 공정거래 3법, 분양가 상한제·대출 관련 규제 등을 전면 재검토하고 있다. 이런 규제가 재검토되고 규제가 개혁되면 관련 정책도 바뀌게 된다.

한편, 코로나19로 인한 어려움도 있지만 다른 문제도 있다. 러시아-우크라이나 전쟁으로 인한 원자재가격 상승과 물가가 급등

하고 있다. 거기에 미국 연방준비제도(연준)의 고강도 긴축정책으로 인해서 미국이 금리를 지속해서 올리고 있다. 여기에 맞춰서 우리나라도 금리 격차를 좁히기 위해서 금리를 급격하게 올리고 있다. 덩달아 환율도 급격히 오르는 중이다.

금리를 올리게 되면 대출금리가 올라가서 대출로 부동산을 구입한 영끌족과 사업자금을 융자한 기업에 큰 부담이 된다. 하지만 쉽게 금리를 내릴 수 없다. 이유는 고물가가 지속될 때는 금리로 물가 안정을 취하기 때문이다. 또한, 미국이 금리를 올리는 상황에서 우리나라가 금리는 내리게 되면 더 큰 문제가 생긴다. 해외 투자자금이 미국으로 빠져나가게 되어 경제성장에 영향을 주기 때문이다.

이런 상황이 계속되면 경기침체로 이어지기도 한다. 경기침체는 고물가, 고금리로 인한 부담으로 소비를 최대한 줄이는 형태를 말한다. 소비가 되지 않으면 기업의 이익이 줄어든다. 기업의 이익이 줄어들면, 기업을 유지하기 위한 비용 감당을 위해서 원가를 줄이려 한다. 원가를 줄일 때 가장 먼저 줄이는 것이 인건비다. 인건비가 줄면 실업자가 늘어난다. 실업자가 늘어나면 자연스럽게 가계의 생활수준도 떨어진다.

악순환이 반복되면서 국가 전체가 위기로 빠지게 되는 것이다. 정부사업지원은 이런 상황에 맞춰 유기적으로 변화한다. 변화되는 정부사업지원에 관심을 가지고, 지원대상 여부를 철저하게 파악해야 혜택을 누릴 수 있다. 목마른 사람이 우물을 파는 것처럼 적극적으로 관심을 가져야 한다.

06 창업 후 5년 동안의 사업계획을 명확히 구상해라

2022년 3월경에 마스크 제조업을 운영하는 대표가 자문요청이 와서 방문했다. 해당 기업은 코로나19가 시작되기 전에 사업을 시작했다. 시작 당시에는 직원은 단 3명으로 소규모로 시작했다. 그 후에 코로나19가 시작되면서 마스크 대란이 일어났다. 모든 정부의 관심사가 마스크에 집중되었다. 심지어 공급 대란이 극심할 때는 약국에서만 마스크를 판매했다. 더구나 생년월일을 맞춰서 약국에 가야만 구매할 수 있었다.

2020년에는 마스크 제조업을 영위하는 사업장을 정부가 우선 지원했다. 마스크 공급보다 생산시설이 턱없이 부족했기 때문이다. 특히, 마스크 생산량을 늘리기 위한 스마트공장을 구축하는 경우 최우선 지원대상이었다. 유형별로 최대 6,000만 원에서 1억 원까지 사업비 지원을 받을 수 있었다. 이 대표도 2020년에 추가적인 자금을 투입해서 생산시설을 크게 확장했다. 직원도 20명 정도까지 추가로 채용했다.

　이렇게 사업이 잘되었는데 지금은 사정이 완전히 달라졌다. 현재 실외 마스크 착용 의무는 해제된 상태다. 질병관리청은 겨울철 유행 이후 실내 마스크 착용 기준과 범위 조정을 논의할 방침이라고 말했다. 실외 마스크 착용 의무가 이미 해제된 상황에 실내 마스크 착용 의무까지 해제되면 마스크 제조 업체는 타격이 크다.

　이런 상황에서 대표는 사업의 방향성을 위해 조언을 요청했다. 나는 공적인 데이터를 보여주면서 현재는 마스크 제조만 해서는 정부에서 지원받기는 힘들다고 했다. 엄격히 따지면 마스크 제조는 특별한 기술력이 필요하지 않다. 마스크 제조기계가 워낙 잘 만들어져 있고, 전 공정이 자동화가 가능하다. 사업을 하는 데 특별한 기술력이 없어도 가능하다는 말이다.

　특히 이 대표는 마스크 시장이 위축할 때를 대비한 계획이 전혀 없었다. 코로나19가 장기화되면서 마스크 수요가 계속 늘어날 것이라는 기대만 하고 있었다. 어떤 제품이든 공급이 과잉되면 가격은 내려가게 되어 있다. 그에 맞춰 가격이 내려갈 시기를 예측하고 검토해서 사업 운영 방향을 결정해야 한다. 또한, 사업 확장을 위한 수출이나 판로 개척도 해야 한다. 이런 계획이 전혀 없이 그저 정부만 믿고 있었다.

　이 기업은 데스밸리로 진입했다. 데스밸리란, 창업 기업이 3~5년 차 사이에 겪는 기업의 경영난을 말한다. 사람으로 비유하면 태어나서 뒤집기를 하고 기는 연습을 충분히 했다. 이제는 걷고 조금씩 뛰려고 하는데 다리를 꽉 묶어놓은 꼴이다. 이 시기에 제

국내 기업의 창업 후 생존율

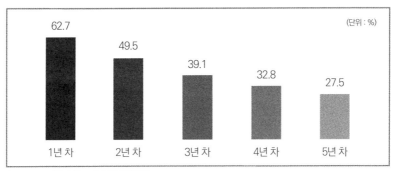

출처 : 중소벤처기업부, 국회예산정책처

대로 걷지 못하고 뛰지 못하면 성장도 느리고 건강도 나빠진다. 기업도 똑같다 이 데스밸리 시기를 잘 넘겨야 완전한 성장을 하게 된다.

이때를 잘 넘기지 못하면 대부분 폐업하게 된다. 중소벤처기업부의 자료에 따르면, 창업 기업이나 스타트업이 5년 이상 생존할 확률은 27.5% 정도다. 창업한 10개의 기업 중 7개의 기업은 폐업한다는 말이다. 이 시기에는 제품을 양산하거나 사업을 확장할 사업자금이 가장 필요하다.

기업운영을 하고 3년 차 정도 되면 대부분 매출이 형성된다. 매출이 충분하게 유지되면 사업자금에 대한 부담감은 적다. 매출이 목표했던 금액보다 적거나 이익이 나지 않으면 기업운영에 어려움을 겪는다. 자체적인 사업자금 조달이 불가능하면, 정부지원사업이나 은행으로부터 추가 자금을 조달해야 한다. 이때는 기업이 초기성장기로 진입했기 때문에 정부기관에 추가 자금을 받으려면 사업계획을 명확하게 구성해야 한다.

정부기관에서 주는 자금은 국민의 세금으로 이루어져 있다. 그리고 대부분 사업자금은 대출 형태로 지원하고 있다. 일부 지원금 형태로 인건비를 지원할 때도 있지만 금액이 적다. 대출 형태의 지원은 원금과 이자를 갚을 의무가 있다. 사업자금을 지원받아 기업을 잘 운영하고 관리하면서 대출금을 착실하게 갚아야 한다. 만약 연체되거나 기업의 폐업 등으로 사고가 나게 되면 국민의 세금이 낭비되는 것이다. 또한, 기관 담당자도 큰 피해를 보게 된다.

최초에 정부자금을 지원받으면 사업계획서를 제출한다. 해당 사업계획서에는 보통 3년간의 사업계획을 구성한다. 대부분 매출과 이익을 표시하고, 연차별로 몇 명의 근로자를 고용할 것인지 작성한다. 또한, 자금을 받으면 어디에 쓸 것인지 항목별로 세세하게 구성해서 제출한다. 그리고 해당 사업계획을 바탕으로 기관 담당자가 관리한다.

하지만 나는 5년 이상의 사업계획을 상세히 구성하라고 조언한다. 앞서 언급한 데스밸리를 어떻게 극복할 것인지 보여주기 위해서다. 그리고 사업계획서를 구성할 때 자금조달계획과 대출변제계획표를 반드시 작성해야 한다. 자금조달계획은 사업을 운영하면서 가장 중요한 운영비나 시설비를 어떻게 조달할지 보여줘야 한다. 수익을 최대한으로 올려서 조달할지, 대출이나 투자를 받아서 조달할지 명확히 해야 한다. 이익이 기존 계획대로 나왔을 때와 ±20% 이익 구간을 구분해서 작성하게 한다.

그리고 대출변제계획표는 매년 얼마씩 갚을지 작성하게 한다. 또한, 추가적인 사업자금 대출 시 총이자를 계산하게 한다. 만약 기업의 영업이익으로 대출금 변제나 이자도 내지 못할 정도의 예상치가 나오면 대출을 자제시킨다. 이때는 대출이 중요한 것이 아니다. 원가 자체를 절감하거나 사업계획 자체를 변경해야 한다. 매출이 충분함에도 이익이 적다는 것은 사업 공정 과정에서 문제가 있기 때문이다.

세세한 사업계획과 대출변제계획표까지 작성해서 기관 담당자와 상담해야 한다. 보통 이런 계획을 구성하지 않고, 추가로 돈이 필요하다고 떼를 쓰는 형식으로 상담이 진행된다. 기관 담당자도 사람이다. 기관을 대신해서 사업성을 판단하고 자금을 집행한다. 하루에도 수십 또는 수백 건의 상담이 이어지고 전화도 계속 받는다. 모든 기업을 다 해주면 좋겠지만, 그만큼 예산이 충분하지는 않다. 코로나19 상황에는 더욱더 예산이 부족하다.

역지사지(易地思之)라는 말을 꼭 기억했으면 좋겠다. 담당자의 입장에서 생각하면 우리 기업에 추가로 자금을 지원해줄 수 있을지 답이 나온다. 아무런 준비 없이 그냥 돈을 달라는 대표와 계획을 철저하게 지키고 예의를 지키는 대표 중 어느 쪽을 좋아할지는 뻔하다. 사업계획을 올바르게 작성하고, 기관 담당자를 배려하는 마음을 가져야 한다. 어찌 보면 기관 담당자도 사업파트너다. 사업파트너에게 올바른 사업계획을 알려주고, 협조를 구하는 것은 당연하다. 그래야 힘들 때 나를 도와주는 가장 든든한 아군이 된다.

07 정부사업지원금의 체계를 이해해라

아이가 태어나서 일정 기간이 지나면 교육을 받는다. 빠르면 6세부터 유치원에 다니면서 기본적인 교육을 받는다. 교육받으면서 처음으로 시간에 맞춰서 수업을 듣는다. 그 후 초등학교, 중학교, 고등학교 과정까지 교육을 꾸준히 받는다. 과정별로 교육 수준이 다르고, 교육하는 시간도 다르다. 고등학교 때 받아야 하는 교육을 유치원이나 초등학교에서 배울 수 없기 때문이다. 이해도 되지 않고 부적절하다.

기업도 마찬가지다. 기업이 어떤 형태로 탄생하는가에 따라 하는 일과 방향성이 달라진다. 우선 기업은 사기업과 공기업으로 나뉜다. 여기서 공기업을 다룰 것은 아니기 때문에 공기업은 제외하겠다. 사기업은 개인회사, 주식회사, 협동조합, 합자회사가 있다. 대부분 기업을 설립할 때 영리에 목적이 있다. 기업의 90% 이상이 사기업이고, 개인회사 또는 주식회사로 설립된다.

기업의 성장 6단계

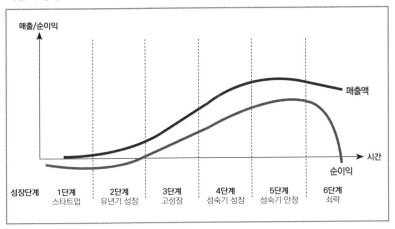

출처 : 저자 작성

    기업은 설립하면 총 6단계로 성장한다. 초기 스타트업부터 성장기, 성숙기를 거쳐 쇠락으로 간다. 단계별로 기업이 갖춰야 할 역량이 있고, 준비해야 할 부분도 있다. 정부지원사업도 이런 단계에 맞춰서 각종 지원을 하고 있다.

    먼저 1단계 스타트업 시기, 즉 창업기다. 창업하기 직전인 예비창업 시기부터 만 3년 미만의 기업 단계를 말한다. 이 시기에는 기업의 형태를 올바로 갖추고 생존을 가장 큰 목적으로 한다. 또한, 혁신적인 창업 형태를 구축해서 정부정책과 지원을 가장 많이 받으려고 한다. 중소벤처기업부는 창업단계의 기업을 지원하기 위해 창업지원 포털사이트 K-Startup(www.k-startup.go.kr)을 운영한다. 해당 사이트에서는 예비창업자를 위한 교육시스템을 운영하고, 사업자금을 지원하는 사업을 안내한다. 대표적으로 예비창업패키지가 있다.

또한, 예비창업자나 창업 3년 미만인 기업을 대상으로 각종 기관에서 창업 경진대회도 개최한다. 참여해서 입상하게 되면 상금과 함께 정부지원사업의 혜택을 추가로 받을 수 있다. 각종 기관에 금융지원 검토 대상이 되고, 추가 지원사업의 서류심사가 생략되기도 한다. 투자 네트워크도 구축할 수 있는 특전이 있다.

정부지원사업의 지원기준은 사업 아이템도 있지만, 어느 정도 매출이나 영업이익도 있어야 한다. 하지만 창업기에는 매출이나 영업이익의 비중이 크지 않다. 기술성, 창의성, 사업성과 기업의 역량으로 평가하고 지원한다. 심지어 이 시기에는 부채비율도 보지 않는다.

부채비율이란, 기업이 가지고 있는 자산 중 부채가 어느 정도 차지하는지 나타낸 비율이다. 만약 자산이 10억 원인데 부채가 20억 원이면 부채비율은 200%다. 기업경영의 지표 중 대표적으로 점검하는 항목이다. 중소벤처기업진흥공단은 창업 후 7년 미만인 기업은 부채비율을 보지 않는다. 그만큼 창업기에 많은 지원을 받는 것이 중요하다.

창업기가 만 3년이 지나면 성장기로 간다. 보통 3~7년 사이의 기업을 성장기 기업이라 한다. 성장기에는 기업이 본격적으로 도약하는 시기다. 기술개발을 한 제품을 본격적으로 제작하고 출시한다. 출시된 제품을 홍보 후 판매해서 매출을 올린다.

매출이 적정한 수준으로 올라가면 이익도 생긴다. 그렇게 생긴 자금으로 다시 제품을 업그레이드하고 다시 성장하는 것을 반복하는 시기다. 본격적으로 성장하고 도약하려면 좀 더 많은 사업자금이 꾸준히 공급되어야 한다. 이 시기에는 정상적인 기업이면 직원들도 채용하게 되는데, 직원 채용에 대한 지원금을 받을 수 있다. 채용 직원이 청년이면 더 많은 지원금을 받을 수 있다.

직원을 꾸준히 채용해서 일자리를 창출한 기업만을 대상으로 하는 정부지원도 있다. 또한, 일자리를 유지하고 성과를 공유해도 지원한다. 정부는 근로자를 위한 제도를 성실하게 도입하고, 운영하는 기업은 추가적인 지원을 아끼지 않는다.

이렇게 한 번의 성장기를 거쳐서 7년 이상 기업을 유지하면 고도 성장기로 넘어간다. 고도 성장기에는 기술력이 완성되고 제품의 생산량도 늘어난다. 또한, 거래처가 늘어나고 대외 신용도가 높아지면서 기업의 이익도 늘어난다. 기술개발도 왕성해지면서 기업이 조금 더 탄탄해진다. 이때 생산성을 더욱 향상하고 고부가가치를 실현해야 기업의 가치가 크게 올라간다.

이 시기에 완전한 도약으로 성숙기에 진입하기 위해서는 안정적인 생산시설을 갖추고 이익을 창출해야 한다. 따라서 기업은 추가적인 사업자금을 확보해야 한다. 가장 이상적인 방법은 기업의 가치를 올바르게 평가받아 외부에서 투자받는 것이다. 대출과는 달리 투자받은 자금은 갚을 의무가 없다. 하지만 투자자는 일정 비율로 기업의 지분을 소유하게 된다. 투자자는 기업이 이익이 나면 적절하게 배당을 요구할 수 있다.

투자받지 못하더라도 정부지원사업을 이용하면 된다. 정부에서는 창업 후 7년 이상이 된 기업만을 위해서 운영자금과 시설자금은 지원한다. 지원 규모는 연간 60억 원 한도로 아주 크다. 특징은 시설확장을 기반으로 지원하고, 운전자금은 시설에 대한 운영자금 명목으로 지원한다. 또한, 요즘은 ESG 자가진단을 한 기업을 우대한다.

ESG는 기업의 사회·환경적 활동까지 고려해 기업성과를 측정하는 기업성과지표다. 친환경(Environment), 사회적 기여(Social), 투명한 지배구조(Governance) 등의 분야에서의 기업성과를 측정하는 것이다.

또한, 제조 현장 자제를 디지털화하기 위한 사업에도 적극적으로 지원한다. 스마트공장을 추진하고 4차 산업혁명 관련 신산업·신기술을 영위하는 기업이 대상이다. 자동화 시설을 도입하고 추진하는 기업도 적극적으로 지원한다.

이처럼 정부지원사업은 기업의 성장 과정과 규모에 따라 유동적으로 변한다. 자신의 기업이 어떤 위치에 있는지 파악하고, 정부지원사업을 받을 수 있도록 준비해야 한다. 결국, 사업은 사업자금을 잘 융통하고 관리하는 것이 가장 중요하기 때문이다.

4장

사업자금 받는
기업을
만드는 방법

중점지원 분야
사업자 코드를 선별하자

예전에 같이 일했던 동생은 허리통증으로 엄청나게 고생했다. 직업 특성상 앉아서 하는 일이 많았고, 운동도 하지 못해서 병원 치료를 자주 받았다. 개인 사정으로 일을 그만두고 오랜만에 만났는데 허리통증이 완전히 없어졌다고 했다. 어떤 치료를 받았는지 물어보니 치료를 받은 것이 아니라 허리 강화 운동과 코어 운동에 집중했다고 한다.

이처럼 허리가 아프면 아픈 부위를 찾아내고 집중적으로 치료하거나 운동을 한다. 정부지원사업도 중점적으로 육성하는 분야가 있다. 이런 분야는 집중적으로 지원해준다. 국가적인 차원에서 기술력을 향상하고, 세계적인 경쟁력을 확보하기 위해서다. 독보적인 기술력이 있어야 세계 시장에서 살아남을 수 있기 때문이다. 특히 정부는 중소기업의 기술력 향상을 위한 노력을 꾸준히 하고 있다.

중소기업 기술로드맵 사이트

출처 : 중소기업 기술로드맵

　중소기업 중 중점적으로 지원해주는 분야가 가장 잘 나타나 있는 곳이 있다. 바로 중소기업 기술로드맵(http://smroadmap.smtech. go.kr)이라는 사이트다. 중소기업의 유망기술과 신성장 아이템을 제시하고, 미래 먹거리를 발굴하기 위한 지침을 제공한다. 즉, 중소기업이 이곳에서 제공하는 지침을 따라 기술력을 향상하길 바라고 있다.

　중소기업에서 실행하기 어려운 기술의 트렌드 분석이나 시장 현황 조사, 특허정보 등이 아주 상세히 나와 있다. 해당 정보를 바탕으로 중소기업이 글로벌 강소기업으로 성장할 수 있도록 방향성을 제공해준다.

　크게는 3가지 군으로 나뉜다. 4차 산업혁명 관련, 소재·부품·장비(이른바 소부장), 중소기업 성장기반군이다. 좀 더 자세히 살펴보면 4차 산업혁명군은 23가지, 소부장군은 9가지, 중소기업 성장기반군은 9가지의 세부적인 분야가 있다. 최근에는 코로나19로 인한 가정간편식이나 대체식품, 반려동물 식품 및 기능성 사료도 포함이 되었다.

그렇다고 이 3가지 군만 지원하는 것은 아니다. 우리나라는 아직도 제조업 비중이 가장 크다. 모든 제조업의 근간이 되는 산업을 뿌리산업이라 한다. 이런 기초산업은 기본적으로 정부지원사업이 많다. 뿌리산업의 기술을 기반 공정기술, 차세대 공정기술, 지능화 공정기술로 나눈다. 해당 기술을 보유한 기업은 뿌리산업 확인서를 따로 발급한다. 확인서를 발급받은 기업은 정부지원사업 신청 시 많은 가점을 받는다.

뿌리산업의 범위

□ 『뿌리산업 진흥과 첨단화에 관한 법률 시행령』 별표 2에 따른 뿌리산업의 범위(제3조 관련)(2021.12.16. 개정)

○ 기반 공정산업

표준산업 분류코드	산 업 명
1. 주조산업	
24131	주철관 제조업
24311	선철주물 주조업
24312	강주물 주조업
24321	알루미늄주물 주조업
24322	동주물 주조업
24329	기타 비철금속 주조업
29230	금속 주조 및 기타 야금용 기계 제조업 中 주물주조기계

출처 : 뿌리산업 진흥과 첨단화에 관한 법률 시행령

여기서 주의해야 할 사항이 있다. 정부에서 중점적으로 지원하는 사업이라 하더라도 반드시 확인하는 번호가 있다. 바로 한국표준산업분류에 따른 5자리 분류번호다. 해당 번호는 통계법 제22조에 따라 통계청장이 고시한다.

뿌리산업 중 주조산업의 예를 들어보자. 주조산업별로 표준산업 분류 코드가 정해져 있다. 만약 주철관 제조업을 한다고 하면 뿌리산업으로 인정받아 정부지원사업에 유리하다. 이때 주철관 제조업으로 인정받으려면 코드가 24131로 되어 있어야 한다. 만약 일반적인 제철업으로 등록하면 코드가 24111이 된다.

이렇게 되면 뿌리산업으로 인정받을 수 없다. 일반 제철업은 뿌리산업으로 인정하지 않기 때문이다. 그러면 정부지원사업에 가점 혜택도 없고, 뿌리산업 확인서도 받을 수 없다. 이처럼 5자리 코드는 정부지원사업을 받을 때 무조건 확인해야 한다. 만약 코드가 잘못되어 있다면 즉시 변경을 신청하면 된다. 업종코드 변경은 홈택스에서 가능하다. 단, 법인사업자는 업종이 변경되거나 추가하면 변경등기를 해야 한다. 변경등기는 2주 이내에 해야 하고, 기간이 지나면 과태료가 부과된다.

홈택스에서 업종 변경하기

출처 : 국세청 홈택스

홈택스에서 업종을 변경하려고 하면 코드가 6자리로 나온다. 홈택스에서 사용하는 코드는 국세청 업종 분류 코드다. 통계청에서 사용하는 코드와 다르다. 이 두 코드를 대칭시키려면 업종코드-표준산업분류 연계표를 다운로드받아서 비교해야 한다.

국세청이나 통계청은 관리 명목으로 기업의 업종을 코드별로 분류한다. 이 코드가 평소에는 별 의미가 없어 보인다. 하지만 정부지원사업은 모두가 이 코드를 중심으로 분류되고 선별된다. 반드시 사업자 코드를 점검해서 정부지원사업에 유리한 조건을 만들어놓자.

정부지원사업에 유리한 업종은 매년 조금씩 변경이 된다. 또한, 특수한 상황이 있으면 우선 지원업종이 되는 경우도 있다. 따라서 항상 기관별 사이트에 접속해서 변화하는 정부정책에 관심을 가져야 한다. 그리고 유리한 사업자 코드의 변화도 주시해야 한다.

기관에서 반드시 물어보는 질문에 대비하자

취업에는 일련의 과정이 있다. 먼저 취업할 회사를 찾는다. 자신의 학벌, 스펙 등을 고려해서 선택한다. 선택한 회사에 채용 방법을 보고 지원서를 제출한다. 1차는 서류전형이다. 지원서를 회사가 정한 방법으로 제출한다. 보통 이력서와 자기소개서를 제출한다. 서류 제출 후 1차로 서류 통과 여부가 이메일과 문자로 전송된다.

서류전형이 통과되면 면접이 기다리고 있다. 면접 날짜가 정해지면 해당 시간에 회사를 찾아간다. 면접 대기번호를 받고 떨리는 마음으로 기다린다. 순서가 되면 면접장 안으로 들어가서 책임자와 면접을 본다. 대기업이나 중견기업은 2차 면접도 있다. 면접까지 최종 합격이 되어야 비로소 신입으로 채용된다.

정부에서 지원받는 순서도 비슷하다. 내가 운영하는 사업과 맞는 지원제도를 찾는다. 해당 기관 홈페이지에 가서 공문을 보고 지원요건을 상세히 본다. 준비 서류를 작성하고 기관에 상담 예약을 한다. 예약한 날짜에 기관을 방문해서 담당자와 상담한다. 담당자가 서류 확인을 거친 후 서류에 문제가 없다고 하면 기업을 실사한다. 기업 실사 후 사업성과 발전성이 인정되면 정부에서 사업을 지원한다.

정부기관도 해당 기업을 판단하고 신중하게 검토해서 지원한다. 국민의 세금으로 모인 돈으로 정부지원사업을 하는 것이다. 꼭 필요한 곳에 지원하기 위해 기관 담당자들은 기업을 철저하게 검증하는 과정을 거친다. 그 과정 중에 기업대표에게 반드시 하는 질문 10가지가 있다. 모든 기관이 공통으로 하는 질문이니 반드시 대비해야 한다. 하나씩 알아보자.

1. "대표님, 신용등급이 어떻게 되시나요?"

먼저 대표의 신용에 대해 물어본다. 기업을 최전방에서 이끌어가는 사람은 기업대표다. 개인기업과 법인기업 모두 핵심은 대표다. 따라서 대표의 신용은 기업의 신용에도 영향을 미친다. 객관적인 신용등급을 확인하기 위해서는 올크레딧(KCB)과 나이스지키미에서 확인이 가능하다. 두 신용평가사는 신용도 평가 기준이 조금 다르다. 올크레딧은 신용거래형태의 비중이 높고, 나이스지키미는 상환 이력의 비중이 가장 높다. 기관에서는 두 등급의 평균 정도를 적용한다.

2. "대표님, 해당 사업에 경력이 있으신가요? 학력은 어떻게 되시나요?"

사업을 운영하려면 기본적인 경력이 필요하다. 경력이 없다면 사업을 영위하는 업종과 관련된 학력이 필요하다. 만약 경력이나 학력이 둘 다 없으면 기관 담당자는 사업성이 없다고 판단한다. 또한, 경력이나 학력이 있다고 하더라도 객관적으로 증빙된 서류가 없으면 인정하지 않는다.

경력을 증명하기 가장 좋은 방법은 건강보험자격득실확인서에 자격득실확인내역을 보는 것이다. 정확한 자격취득일과 자격상실일이 표기되어 있어 경력증명에 가장 좋은 서류다. 만약 프리랜서로 근무했으면 사업소득 신고명세서를 확인하고 증명해야 한다. 또한, 사업자를 운영한 경력이 있어도 인정한다.

3. "대표님, 지금 어떤 일을 하고 계신가요?"

사업에는 종류가 여러 가지다. 보통 사업자등록증으로 확인하는데 실제로 하는 일이 일치하는지도 확인한다. 제조업을 운영한다고 하면 직접 제조하는지, 아니면 외주를 주는지까지 세심하게 확인한다. 외주를 줄 때도 OEM 방식으로 제품 견적 및 기술까지 제시하는지, 단순 임가공인지까지도 점검해서 판단한다.

4. "대표님, 체납되거나 연체 중인 세금이 있으신가요?"

'모든 국민은 법률이 정하는 바에 의하여 납세의 의무를 진다.' 대한민국 헌법 제38조의 내용이다. 개인과 기업 구분 없이 모두 납세의 의무가 있다. 세금의 종류도 여러 가지다. 기관은 기업에 지원 여부를 결정할 때 성실성을 보는데 납세도 그중 하나다. 성실하게 기업을 운영해서 납세해야 나라 재정도 튼튼해진다.

기업의 연체는 물론이고 대표의 개인적인 체납이나 연체도 점검한다. 따라서 체납이나 연체 중인 세금이 있으면 기관에서는 절대 지원해주지 않는다. 만약 체납이나 연체가 있으면 반드시 변제를 완료하고 지원해야 한다. 또한, 변제를 완료하더라고 체납액이나 기간에 따라 변제 후 일정 기간이 지나고 지원이 가능한 경우도 있다.

5. "대표님, 현재 대출금은 얼마나 있으신가요? 어느 기관에서 받으셨어요?"

기업운영에 필요한 돈을 100% 자급자족하는 기업은 드물다. 대부분 남의 돈을 빌리는 대출을 이용한다. 기업규모나 신용, 대표의 신용에 따라 정부지원사업 지원 규모도 달라진다. 상환능력을 파악해서 적절한 비율을 유지하기 위해서다. 또한, 어느 기관에서 지원받았는지도 중요하다.

만약 창업 5년 이내 기술 선도형 기업이 기술보증기금에서 지원받으면 신용보증기금에서는 지원받을 수 없다. 하지만 중소벤처기업진흥공단 지원사업에는 신청할 수 있다. 자신의 기업이 어디에 유리할지 잘 판단하고 신청해야 한다.

6. "대표님, 현재 매출 어떻게 되세요?"

대부분 기업은 기업운영을 영리를 목적으로 한다. 매출은 기업이 잘 운영되고 있는지 기본적으로 점검하는 지표다. 매출이 있어야 그 돈으로 재료도 사고, 인건비나 세금도 납부할 수 있기 때문이다. 그만큼 매출 규모는 기관에서 중요하게 생각한다. 그리고 매출을 물어볼 때 정확한 자료를 요청한다. 적격 증빙자료라고 하는데 매출장부와 세금계산서를 비교해서 확인한다. 세금계산서가 없는 매출은 인정하지 않는다.

7. "대표님, 자산이 어느 정도 있으신가요?"

은행에 대출받으러 가면 자산 현황을 점검한다. 기관도 마찬가지다. 기업의 자산 현황을 파악하고 효율적으로 운영되고 있는지 파악한다. 만약 기업 자체의 자산이 부족하면 대표의 자산도 확인한다. 주로 부동산을 확인하고 기타 주식이나 예금증서도 확인한다. 이유는 상환능력이 있는지 확인하기 위해서다. 상환능력이 부족하다고 판단하면 부동산 담보를 요구할 때도 있다.

8. "대표님, 주주가 몇 명인가요? 대표님의 주식 비율이 어떻게 되시나요?"(법인만 해당)

법인을 설립하게 되면 자본금을 납입한다. 자본금을 납입한 금액만큼 주식이 발행된다. 자본금을 납입한 사람이 3명이면, 3명의 주주가 있는 것이다. 그중 기관은 대표의 주식 비율이 가장 높은 것을 선호한다.

대표가 주식의 비율이 낮으면 해당 기업의 지배력이 없다고 판단해서 지원을 꺼린다. 기관은 되도록 대표가 50% 이상의 주식을 가지고 있기를 원한다. 만약 대표의 주식 비율이 낮으면 적정한 비율로 높이라고 한다. 단, 대표 주식 비율이 낮아도 가족들로 모든 주주가 이루어져 있으면 상관없다.

9. "대표님, 현재 고용인원이 몇 명인가요? 추가 고용할 계획은 있으신가요?"

기업이 존재하는 이유는 이윤 창출도 있지만, 일자리도 창출해야 한다. 기관도 꾸준한 고용 창출을 하는 기업에는 추가로 지원한다. 또한, 일자리를 일정 규모 이상 창출한 기업만 전문으로 지원하는 사업도 있다. 그리고 근로자를 고용할 때 채용실적을 반영하기도 하고 적극적으로 권장한다.

근로자를 위한 제도를 도입한 기업에는 가산점도 준다. 더불어 제도를 도입하게 된 추천인을 담당자로 하면 진급 점수에도 반영된다. 코로나19가 심한 2020년과 2021년은 고용인원에 따라 정책자금의 우선순위가 정해지기도 했다.

10. "대표님, 실제로 사업을 운영하시나요?"

개인적인 사정으로 자신의 이름으로 사업을 운영하지 못하는 사람이 있다. 그러면 배우자나 다른 사람의 명의를 빌려서 사업을 한다. 사업자등록증에는 대표가 A인데 정작 B가 운영한다. 이럴 때 A는 속된 말로 '바지사장'인 경우가 많다.

이런 대표들은 제품의 원가나 거래처 현황 등 대표라면 알아야 할 필수적인 사항을 알지 못한다. 특히, 기업실사 때 많이 발각된다. 기관 담당자들은 많은 기업을 심사하고 방문해봤다. 몇 마디 대화만 하면 바로 파악할 수 있다. 바지사장으로 판단이 되면 기관은 절대로 지원하지 않는다.

이 10가지는 어떤 기관을 방문하더라도 반드시 하는 질문이다. 해당 질문 내용을 미리 숙지하고, 기관 담당자와 상담을 준비해야 정부지원사업을 받을 수 있다.

03 핵심 사업계획서를 만드는 방법을 알자

나에게는 초등학생인 딸이 있다. 매번 바쁘다는 핑계로 평일에는 거의 놀아주지 못한다. 그래서 딸과 약속을 했다. 매주 일요일 오전에는 딸이 원하는 방법으로 노는 것이다. 요즘 딸이 한창 재미있어 하는 놀이가 슬라임 만들기다.

내가 보기에는 단순히 그냥 물풀에 응고액을 조금 섞는 것인데 딸은 아주 좋아한다. 그리고 매주 일요일 몇 시에 슬라임 카페에 갈지 시간을 정한다. 어떤 슬라임을 만들지 생각하고, 재료는 무엇을 넣을지도 생각한다. 재료마다 촉감이 다르다. 슬라임의 농도에 따라 노는 방법도 각양각색이다. 중간에 색깔도 첨가하면서 원하는 방법대로 슬라임은 만들어야 더 재미있다고 한다.

초등학생도 이렇게 자기가 하고 싶은 것은 시간을 정하고 계획을 짠다. 어찌하면 좀 더 재미있게 놀 수 있을지 생각하고 행동한다. 기업도 마찬가지다. 정부지원사업을 받으려면 그에 맞는 사업계획을 세우고 작성해야 한다. 한 가지 명심해야 할 부분이 있다. 지금 작성하려는 사업계획서는 3조 원 규모의 원전 수주용이 아니다. 정부지원사업을 받기 위한 사업계획서다. 화려할 필요가 없다. 기관에서 원하는 만큼만 작성하면 된다.

사업계획서 작성 및 제출 시 유의사항

『2022년 초기창업패키지 창업기업 모집공고』
사업계획서 작성 참고 매뉴얼

<작성 및 제출 시 유의사항 >

① '2022년 초기창업패키지 창업기업 모집공고' 내 게시된 동 사업 **전용 사업계획서 양식을 사용하여야** 하며, **임의 양식**의 사업계획서 **제출 시 선정평가 대상에서 제외** ('21년 양식에서 변경됨)
② **가점 증빙서류 등** 추가 제출서류는 사업신청 시 **사업계획서에 포함하여 제출**하며, **미제출 시 불인정**

출처 : 창업진흥원

따라서 기관 담당자가 신뢰할 수 있는 사업계획서를 작성해야 한다. 대부분 기관에서 공문에 사업계획서 양식과 작성예시, 설명서까지 공개한다. 심지어 임의 양식으로 제출할 때는 선정평가 대상에서 제외하기도 한다. 기관마다 사업계획서 양식은 조금씩 다르지만, 반드시 명확하게 작성해야 하는 사항은 4가지로 나뉜다.

첫 번째는 문제 인식이다. 문제 인식은 크게 2가지로 나뉘는데, 사업을 하게 된 동기와 목적으로 나뉜다. 동기는 다시 2가지로 나눠서 작성한다. 제품 또는 서비스의 문제점이나 개선점을 발견하게 된 외적 동기다. 대표자 자신의 역량과 가치관을 사업에 투영해서 제품이나 서비스를 발전시키고자 하는 내적 동기가 있다.

사업 목적은 동기에서 발견된 제품이나 서비스를 개선할 해결방안과 필요성을 구체적으로 작성해야 한다. 또한, 제시한 해결방안과 필요성은 고객에게 제공될 혜택이 어떤 것이 있는지 명확해야 한다.

두 번째는 해당 사업의 실현 가능성을 구체적으로 작성해야 한다. 우선 기존 제품이나 서비스를 사용한 고객을 대상으로 불편사항이나 개선점을 파악한다. 그 후 개발하고자 하는 제품이나 자기 회사의 제품이 기존 제품과 어떤 차별점이 있는지 객관적인 자료를 제시해야 한다. 제품이면 스펙, 기능, 성능 등이 될 것이고, 서비스면 방식, 접근성, 편의성 등을 구체적으로 작성하는 것이 좋다. 차별화는 객관적으로 증명되는 특허 등을 활용해서 증명해야 신뢰를 줄 수 있다.

세 번째는 구체적인 성장전략을 작성해야 한다. 성장전략에는 사업화 방안과 자금 소요 및 조달계획이 있다. 사업화 방안은 제품이나 서비스를 꾸준히 만들고 생산하는 수익을 창출하는 방법을 말한다. 제품이라면 직접 생산, 외주, OEM 등의 다양한 방법을 제시하고, 서비스라면 제공 채널, 회원 수 확보 방법 등을 작성한다.
그리고 온·오프라인을 통한 판매, 용역 제공, 회원제, 임대, 구독 등으로 수익원 확보 방법도 명시하면 좋다. 그리고 앱이나 웹서비스는 당장 매출 자체가 없더라도 회원의 확보 방법이나 수를 중요 실적으로 보고 작성할 수도 있다.
이렇게 사업화 방안이 마련되면 그에 맞는 자금이 투입되어야 한다. 사업 전체의 추진 일정을 로드맵으로 작성하면 좋다. 일정에 맞게 얼마의 자금이 투입되고 그 자금은 어떻게 확보해야 하는지 상세히 작성해야 한다. 정부지원, 자체 자금, 대출, 투자 등 상세한 자금 확보 경로도 작성한다. 또한, 자금 소요 항목을 구체화하고 산출 근거도 명확해야 한다.

네 번째는 대표자와 사업을 운영할 역량을 어떻게 확보하고 발전시킬지 작성해야 한다. 사업을 운영할 때 시설이나 사업자금도 중요하지만, 대표나 기업의 역량이 훨씬 중요하다. 대표는 해당 기업을 총괄해서 사업을 운영하는 기반이다. 경영능력, 경력 또는 학력, 기술력, 비결, 인적 네트워크 등 사업과 관련된 모든 것을 작성한다.
하지만 대표의 역량만으로는 기업을 운영할 수 없다. 1인 기업을 제외하고 대부분 기업은 직원을 채용한다. 채용한 직원은 기업의 핵심역량이 된다. 기업 성장 시기에 맞춰 추가적인 인력 고용 계획, 업무파트너 협약 등의 방법도 추가로 작성한다.

이렇게 틀을 갖추고 사업계획서를 작성하면, 어떤 기관의 사업계획서 양식에도 적용할 수 있다. 추가적인 증빙서류나 자료는 특별한 양식이 없다. 사업계획서를 제출할 때 함께 제출하면 된다. 이때 정부지원사업 중에 사업계획서를 제출하고 선정이 되면, 5~10분 정도 기관 담당자에게 발표하는 때도 있다. 이유는 대표가 해당 사업에 대한 자신감이 있는지, 충분히 숙지하는지 판단하기 위해서다.
발표할 때는 대부분 파워포인트를 사용한다. 파워포인트를 작성할 때도 지켜야 하는 부분이 있다. 직접 파워포인트 양식을 제공하는 기관이라면, 해당 양식으로 작성하는 것이 가장 좋다. 하지만 양식이 정해져 있지 않은 경우도 있다. 이럴 때는 파워포인트의 시각적 효과를 최대한 활용해야 한다.
즉, 문서로 된 사업계획서를 이미지나 함축적인 단어로 표현해야 한다. 보통 15~20페이지 사이로 구성한다. 5~10분 정도의 짧은 시간에 모든 것을 설명해야 해서 그 이상 페이지가 넘어가면 구성이 너무 복잡해진다. 최대한 이미지나 함축적인 단어로 표현하고, 추가적인 사항은 기관 담당자가 질문 시에 답변하면 된다.

그리고 사업계획서상에 명확하게 작성되어야 할 사항이 하나더 있다. 성실하게 자금을 상환하는 계획표를 작성해야 한다. 특히 정책자금은 융자 형태다. 국민의 세금으로 융자해주고 일정부분 이자를 받는다. 융자는 원금손실이 되지 않고 회수가 잘되어야 한다. 그래야 자금을 지원해준 기관 담당자에게도 좋다. 만약자금 회수가 어렵고, 사고로 이어지면 기관 담당자에게도 좋지 않다. 진급에도 영향을 미친다.

결국, 기관 담당자는 정부지원사업을 받을 기업에 이렇게 질문을 하는 것이다.

"나에게 피해 없도록 사업 잘할 수 있겠어요? 이자도 밀리지 않고, 원금도 성실하게 갚을 수 있겠어요?"

기관 담당자는 국가를 대신해서 정부지원사업을 판단하고 추진한다. 수많은 기업 중에서 옥석을 골라내서 지원해야 하고 기업도발전시켜야 한다. 거기에 국민의 세금으로 지원하는 국가적인 정책이다 보니 부담감도 심하다. 공무원이라는 자리는 잘하든, 못하는 욕을 먹는 자리다. 제도는 국가에서 만들지만, 실행은 결국 사람이 하는 것이니 기관 담당자가 원하고, 안심할 수 있는 사업계획서를 만드는 것이 핵심이다.

정부사업지원금 가점사항을 미리 준비하자

공항에서 비행기를 탈 때 긴 줄을 서서 기다렸다가 탑승한 경험이 있을 것이다. 반면, 퍼스트클래스를 사용하면 탑승 절차에서 기다리는 시간이 없다. 모든 상황에서 가장 먼저 서비스를 받고 대접받는다. 비행할 때도 최상의 서비스를 받을 수 있다.

정부지원사업도 기업에 따라 지원혜택과 규모에 차등을 준다. 불공평하다고 생각할 수 있지만, 정부사업도 엄연한 사업이다. 물론 일반적인 영리기업처럼 온전히 이익을 추구하지는 않는다. 하지만 세금을 지원해서 기업이 잘 운영되고, 일자리도 창출되면 그만큼 좋은 것은 없다. 여기에 일정 부분 이자도 받으니 일거양득이다.

당연히 정부사업을 지원하면 담당기관에서는 발전하고 성장할 수 있는 기업을 선호한다. 그렇다고 무조건 선호하는 업종에만 지원하면 반발이 심할 것이다. 기관은 최대한 공정하고 다양하게 지원해야 한다. 그중에 일부 우대사항을 적용하는 것이 가점

사항이다.

업종과 기술력이 비슷한 기업이 둘이라면, 가점사항의 유무에 따라 정부사업지원이 결정된다. 다양한 가점사항이 있고, 가점사항의 내용도 대부분 공개되어 있다. 많은 가점사항 중에 반드시 준비해야 하는 가점사항에 대해 알아보자.

서류평가 가점 항목 및 점수

가점 세부 항목	가점	비고
1) 노란우산공제사업 가입기업 * 유효기간 내의 중소기업중앙회 회장 명의 가입증서 제출 필요	1점	최대 3점
2) 감염병 예방·진단·치료 관련 제품·서비스를 과제로 신청한 창업기업 * '감염병의 예방 및 관리에 관한 법률 제2조'에 정의된 감염병 또는 '코로나바이러스감염증-19' 기준	1점	
3) 고용·산업 위기지역 소재 창업기업 (개인, 법인 – 사업자등록증, 법인등기부등본 상의 본사(점) 소재지 기준) ① 전북 군산시 ② 울산 동구 ③ 경남 창원시 진해구 ④ 경남 고성군 ⑤ 경남 거제시 ⑥ 경남 통영시 ⑦ 전남 영암군 ⑧ 전남 목포시 ⑨ 전남 해남군	1점	
4) 최근 2년 이내('20~) 정부 주최 전국규모 창업경진대회 수상자 * 주최 부처의 기관장 명의 상장 등 수상 증빙 제출 필요	각 1점 (최대 2점)	
5) 신산업 분야의 창업기업([참고5] 참조) * ① 인공지능, ② 빅데이터, ③ 5G+, ④ 블록체인, ⑤ 서비스플랫폼, ⑥ 실감형콘텐츠, ⑦ 지능형 로봇, ⑧ 스마트제조, ⑨ 시스템반도체, ⑩ 자율주행차, ⑪ 전기수소차, ⑫ 바이오, ⑬ 의료기기, ⑭ 기능성 식품, ⑮ 드론·개인이동수단, ⑯ 미래형 선박, ⑰ 재난/안전, ⑱ 스마트시티, ⑲ 스마트홈, ⑳ 신재생에너지, ㉑ 이차전지, ㉒ CCUS(탄소포집·활용·저장), ㉓ 자원순환 및 에너지 재활용	1점	

출처 : 중소벤처기업부

첫 번째는 노란우산공제에 가입하는 것이다. 노란우산공제란 소기업·소상공인의 사업주를 위한 퇴직금 또는 목돈 마련을 위한 제도다. 폐업이나 노령으로 생계위협으로부터 생활의 안정을 기하고, 사업 재기의 기회를 얻을 수 있다.

가입 후 월 납부 금액에 대해서 연말정산 소득공제 혜택이 있다. 가입 절차도 간단해서 청약서 및 기타 서류를 가지고 인터넷으로 가입하면 된다. 가장 쉽게 가점사항을 올릴 방법이니 반드시 가입해서 가점사항을 획득하자.

또한, 지역 중에 고용·산업 위기 지역에서 창업하는 것도 가점 사항이다. 본점 소재지를 기준으로 적용되며, 현재는 9개의 지역이 위기 지역으로 지정이 되었다. 매년 바뀌지는 않지만, 지역이 추가되고 변경되기도 한다. 항상 확인하는 습관을 지녀야 한다.

두 번째는 연구소나 연구개발 전담부서를 설립하는 것이다. 연구개발을 하는 시설이 있다는 것 자체가 기술력이 있는 인력이 있다는 것을 방증한다. 기업부설 연구소·전담부서 신고 관리시스템을 통해서 100% 온라인으로 설립·관리한다. 기업 연구개발을 촉진하고, 연구조직을 육성하면서 지원혜택도 부여한다. 연구소는 일정 규모와 요건이 존재한다. 하지만 연구개발 전담부서는 기업 규모와 관계없이 설립할 수 있다.

관련 사이트에서 신규 신고 시에 필요한 서류 일체를 모두 제공한다. 지정서식으로 작성하면 되고, 첨부서류를 발급받는 방법과 작성방법까지 상세히 나와 있다. 또한, 직접 통화도 가능한 직통 전화번호도 공문에 공개되어 있다. 인터넷 서핑 정도의 실력만 있으면 약 1시간 정도만 투자해서 설립 신고를 완료할 수 있다. 창업 3년 미만의 기업은 대표이사도 일정 요건이 되면 연구 전담 요원으로 등록할 수 있다.

주의할 점은 실질적인 연구개발을 하고 활동해야 한다. 유령 연구소나 연구개발 전담부서를 근절하기 위해 매년 연구개발 활동 조사를 하고 있다. 이유는 연구개발이 목적이 아닌, 제도를 활용한 탈세나 조세 목적상의 이유를 근절하기 위해서다. 또한, 연구개발 활동 조사 입력·확인 시스템을 운영해서 조사표를 작성하도록 하고 있다. 해당 조사표를 작성하지 않고 제출하지 않으면, 연구 활동이 없는 것으로 인정되어 취소된다.

　세 번째는 특허를 등록하는 것이다. 특허제도는 발명을 보호·장려해서 국가산업의 발전을 도모하는 제도다. 특허권을 받으면 해당 특허에 대한 20년간의 독점권을 가진다. 독점권을 가진 기술로 제품을 개발하고, 추가적인 연구를 하면 기업에 많은 이득이 된다. 또한, 특허는 무형의 자산으로 인식되어 사고 팔리기도 한다.
　기관에서는 이런 특허를 가지고 있으면, 기술력을 인정하고 지원 한도도 대폭 늘려준다. 특히 기술인증획득기업을 중점적으로 지원하는 기술보증기금에서는 지원 자체를 우대한다. 지식재산(IP)에 대해 평가를 하고, 보증을 지원해주는 상품도 있다. 국가공인기술인 만큼 가점사항으로 확실하다.

　네 번째는 내일채움공제에 가입하는 것이다. 내일채움공제는 중소기업에 근무하는 우수인력의 장기 재직을 촉진하기 위해서 만든 제도다. 사업주와 근로자 청년 내일채움공제, 청년 재직자 내일채움공제, 일반 내일채움공제로 나뉜다.
　정부, 기업, 재직자가 공동으로 적립하고 일정 기간이 지나면, 성과보상금 형태로 재직자에게 제공한다. 공제에 가입하면 각종 고용영향평가를 도입한 65개의 정부지원사업에서 가점을 준다. 또한, 내일채움공제에 가입하면 성과공유제를 도입한 기업으로 인정되어 추가적인 혜택도 주어진다.

　다섯 번째는 여성기업인이라면 반드시 받아야 하는 가점사항이다. 바로 여성기업확인서를 신청하고 받아야 한다. 여성기업확인서는 사업을 운영하는 대표가 여성이고, 실질적으로 경영을 할 때 인정이 된다. 신청 방법은 공공구매종합정보(SMPP) 사이트에 접속해서 회원가입을 하고 여성기업확인서를 신청하면 된다.

신청서, 개인정보 제공 및 활용 동의서, 사업자등록증은 공통으로 내야 하고, 공동대표면 동업계약서를 제출해야 한다. 법인사업자는 추가로 법인 등기사항전부증명서와 주주명부 등 추가 서류가 필요하다. 여성기업확인서를 발급받으면 각종 혜택이 있다. 정부지원사업의 가점은 물론이고, 보증료의 이율도 일정 부분 감면해준다. 또한, 조달청 입찰 시 가산점을 부여한다.

이 외에도 많은 가점사항이나 제도가 존재한다. 모든 것을 준비하지 못하더라도 이 5가지 사항 중 3가지 이상은 반드시 준비해야 한다. 정부기관에서 하라고 하는 것을 성실히 수행한 기업은 그만큼 혜택을 본다. 가점사항을 반드시 획득하자.

현장 실사 대비를 철저히 해라

2018년 1월에 직업은 변경하면서 서울과 대구에 오가면서 일했다. 그러다가 2020년에 아내와 상의 후 회사에서 출퇴근할 수 있는 거리의 지역으로 이사를 결정했다. 당시에 신혼부부와 어린 자녀가 있으면 국가에서 지원하는 정책이 많았다. 지원혜택을 최대한 활용해서 지역을 알아봤고, 당시 우리 가족 상황에 가장 맞는 지역이 경기도 김포였다.

당시 단지 홈페이지에는 우리가 들어갈 세대의 사진과 구조가 명확하게 나와 있었다. 나는 이것을 보고 결정하자고 했다. 하지만 아내의 생각이 달랐다. 사진으로 보는 것과 직접 보는 것은 차이가 날 수 있고, 단지 주변의 환경도 보고 결정해야 한다고 했다. 나는 아내의 의견을 존중했고, 후보 단지 세 군데를 전부 둘러봤다. 확실히 눈으로 직접 보니 사진과는 많이 다른 곳도 있었다. 그리고 집은 깨끗하지만, 단지 주변 환경이 좋지 않은 곳도 있었다.

기업에 정부지원사업을 신청하면 신청예약, 서류접수, 현장 실사, 지원 확정순으로 진행이 된다. 모든 과정이 중요하지만, 그중에서 현장 실사는 필수적인 과정이고, 가장 중요한 과정이다. 코로나19가 극심한 시기에는 일부 지원사업이 비대면 서류평가로만 이루어진 예도 있었다.

서류평가로만 진행될 때는 재무제표, 사업계획서, 대표자 경력 등 서류로 증빙할 수 있는 객관적인 자료로 평가가 진행된다. 하지만 서류로 심사를 하는 것이 유리한 것만은 아니다. 기업의 발전성과 사업성은 서류로만 나타나지 않는다. 기업 분위기, 현장 상태, 대표와 근로자의 태도 등 종합적으로 판단해야 정확한 진단이 가능하다. 숫자로 측정되지 않는 부분이 오히려 기업의 장점이될 수도 있다. 서류로 심사하면 이런 부분들을 보여주지 못한다.

그래서 코로나19 같은 특수한 상황을 제외하면, 기관 담당자들은 현장 실사를 무조건 진행한다. 제출한 서류 내용과 사업 현황이 맞는지 검증이 필요하기 때문이다. 서류심사에 통과하면 기관 담당자가 대표와 일정을 조율한다. 이때 추가로 필요한 서류는 방문 전에 미리 대표에게 안내한다.

기업 현장 실사는 서류심사 완료 후 짧으면 1주, 늦으면 한 달 정도 후에 진행한다. 현장 실사에는 보통 2명의 담당자가 온다. 기관의 업무를 담당하는 사람과 해당 업종에 많은 경험이 있는 기술 평가위원이다. 대부분 질문이나 기업에 대한 평가는 기술 평가위원이 진행한다. 간혹 기관의 업무를 담당하는 사람이 해당 업종에도 능통하면 혼자 방문하기도 한다.

기관 담당자들은 서류심사 때 제출한 문서를 토대로 상세한 점검을 한다. 서류에 대한 신빙성을 확인하고, 정확한 기업 상태를 파악하기 위해서다. 특히, 제출한 서류 외에 필요한 사항은 기업 대표에게 직접 요구한다. 그중에 핵심적으로 요구하는 사항은 크게 4가지 정도 된다.

1. 매출 원가에 대한 상세내용과 거래 기업 현황을 확인한다

서류심사 때 제출한 재무제표에는 원가의 총금액은 나오지만, 상세 명세는 없다. 기업을 직접 운영하는 대표라면 제품에 대한 원가를 알아야 하는 것은 당연하다. 그리고 거래처와 통화를 자주 하므로 거래처 이름과 해당 거래처 대표의 이름 정도는 알고 있다.

이런 기초적인 질문을 하는 이유가 있다. 실제 기업을 운영하는 사람과 사업자등록증상의 대표가 일치하는지 파악하기 위해서다. 속된 말로 바지사장을 구별하기 위한 질문이다. 일부 기업 중에 사업자등록증에 등록된 대표와 실제 운영하는 대표가 다른 때도 있다. 대표적으로 배우자의 명의로 사업하는 경우가 많다. 본인의 신용이 낮거나 체납 등 사고 이력이 있기 때문이다. 일부 비양심적인 기업은 이런 것을 숨기고, 정부지원사업을 받기 위한 꼼수를 쓴다.

2. 추가적인 입증자료를 준비해야 한다

서류심사가 끝나고 현장 실사 준비를 하면서 추가적인 매출이나 계약이 나올 수 있다. 그럴 때 객관적으로 증명할 수 있는 계약서나 계약금을 받은 영수증 등을 준비해놓아야 한다.

또한, 다른 기업과 업무 협약을 체결하거나 기술 인증 등을 습득했다면 추가입증 자료로 준비해야 한다. 현장 실사 때 해당 기업이 제출했던 자료만 가지고 오기 때문이다. 특히, 기업인증이나 특허 취득 또는 대기업과 계약한 경우 기업에 아주 유리하게 작용한다.

3. 제품이나 서비스를 직접 눈으로 보여줘야 한다

제조업의 경우 대표가 직접 기계작동과 제조과정을 보여주고 설명하는 것이 좋다. 제조공정을 하나씩 보여주면서 공정마다 설명하고, 어떻게 제품이 완성되는지 추가 설명이 필요하다. 또한, 플랫폼을 개발하는 IT 업종이면, 플랫폼에 직접 접속해서 구현되는지 눈으로 보여줘야 한다. 개발 단계인 경우에도 개발 과정을 해당 분야의 전문용어를 포함해서 말해야 한다.

4. 자신의 사업에 자신감을 가지고 의지를 보여줘야 한다

기업의 대표로서 자신의 기업과 기술에 당당한 자신감을 표현해야 한다. 일명 '깡'을 보여줘야 한다. 기관 담당자들이 실사를 오는 이유는 기업 자체를 평가하기 위함이다. 하지만 대표가 얼마나 기업을 위해 헌신하고, 운영할 의지가 있는지도 확인한다. 아무리 좋은 기술과 경험이 있어도 기업을 성장시키겠다는 의지가 없으면 담당자는 지원해주지 않는다.

이 4가지 외에도 자금 사용 계획, 추가 고용 여부, 성장성 예측 지표 등을 물어보는 예도 있다. 기관 담당자마다 중요하게 생각하는 부분이 달라서 어떤 부분을 요구할지 전부 알 수는 없다. 하지만 기관 담당자가 질문할 때 이 4가지 사항은 반드시 요구한다.

명확하게 보여줄 수 있도록 준비해야 한다.

그리고 일부 기관 담당자의 경우에는 해당 기업에 조언해주기도 한다. 기술 평가위원으로 기업의 현장 실사를 하는 담당자는 전문가다. 그것도 1~2년 이론으로만 아는 전문가가 아니라 현장 경험도 충분하다.

따라서, 현장 실사 때 개선할 사항이나 잘못된 부분을 알려주면, 바로 수정하면 좋은 결과로 이어진다. 누군가가 진정으로 조언을 해주는 것을 겸손하게 듣고, 배우려고 하는 태도를 보이면 담당자는 아주 좋아한다. 그리고 기관 담당자들은 한 가지, 큰 권한을 가지고 있다. 현장 실사 때 생각했던 것보다 기업이 우수한 경우에는 현장에서 추가지원을 고려하기도 한다. 검토 후 승인이 나면 기존에 지원했던 금액보다 더 많은 지원을 받기도 한다.

간혹 일부 사람들은 서류심사를 통과하고 현장 실사만 나오면 다 된 것으로 생각한다. 하지만 아주 큰 착각이다. 코로나19 이후에 지원이 필요한 기업이 기하급수적으로 늘어나면서 현장 실사도 아주 꼼꼼하게 본다. 어설프게 준비하거나 서류심사 때 제출한 것처럼 기업이 운영되지 않으면 정부지원을 받지 못한다.

06 사업자금이 필요한 이유를 명확히 해라

"대표님, 사업자금이 필요한 이유가 뭔가요?"
"딱히…. 어디 쓰기보다는 많이 받아놓으면 좋지 않아요?"

이 질문과 답변은 내가 기업대표와 대화하면, 10명 중 7명에게 나타나는 패턴이다. 사업자금은 넉넉한 것이 좋으니 얼마를 받을지 생각하지 않는다. 그냥 되는 대로 많이 받고 싶어 한다. 이런 대표들에게 나는 따끔하게 한마디 한다.

"대표님, 대표님께서 기관 담당자라면 돈 주고 싶겠어요? 저라면 절대 안 줍니다!"

이렇게 말하면 대부분 대표는 당황해한다. 말이 안 되는 소리를 한 것을 자신이 가장 잘 알기 때문이다. 몇 번을 강조했지만, 정부지원사업은 국민의 세금으로 만들어진다. 누군가의 피땀으로 만들어진 세금을 아무 목적도 없는 기업에 투자되면 안 된다.

〈데일리안〉 보도에 따르면, 우리나라 소상공인들의 정책자금 이용률은 37%에 그쳤다. 지원 금액이 적고, 받는 조건이 까다롭다는 이유다. 소상공인은 급하게 자금이 필요한데 적시 적소에 받기 힘들다는 말이다. 그러다 보니 지인이나 신용대출로 자금을 빌리는 경우가 많다. 또한, 추가 대출이 필요한 소상공인 55%는 정책자금을 원하고 있다. 코로나19로 인해서 약 3년 동안 사업주들은 참담한 현실을 겪고 있고, 지금도 이어지고 있다는 증거다.

평택에 H빔과 철근을 만드는 제조 업체를 방문한 적이 있다. 해당 업체는 창업한 지 12년이고, 대표 경력도 20년 이상이며, 직원도 5명 정도 있었다. 매출이나 이익도 안정적으로 운영되고 있었다. 대표는 추가적인 사업 확장을 위해 시설을 늘리고 싶다고 했다. 그래서 정부지원사업 중 시설자금에 대한 부분을 안내했고, 충분한 현장실사 대비까지 조언했다. 이 업체가 정책자금을 받을 확률은 90% 이상이었다.

그런데 해당 업체 대표가 정책자금 현장실사에서 탈락했다는 연락이 왔다. 당연히 정책자금을 지원받겠다고 생각했던 나는 전혀 예상치 못한 답변에 황당했다. 대표에게 탈락의 이유를 조심스럽게 물어보니 현장 실사 때 실수가 있었다. 기술력이나 사업성에 대해서는 의심의 여지가 없었다. 하지만 자금을 지원했을 때 어디에 사용하고, 어떻게 갚을지에 대한 명확한 계획이 없었다.

만약, 이 회사가 창업 초기면 자금 사용계획이나 변제계획이 조금 어설퍼도 기관 담당자들은 이해한다. 하지만 해당 기업은 창업 후 10년이 지났고 기반도 튼튼했다. 그런데 올바르게 자금을 사용할 목적이나 계획이 없다는 것은 운영시스템에 문제가 있다고 판단한다. 또한, 가장 크게 한 실수는 서류로 제출했던 자금 사용 계획과 다르게 말을 했다는 것이다. 거기서 담당자가 사업계획 자체를 의심했고 불신했다.

이렇게 되면 기관 담당자들은 자금을 지원해주지 않는다. 현장 실사하러 가는 담당자는 해당 업종의 베테랑이다. 해당 기업의 운영 구조와 사업성, 발전성을 잘 알고 있다. 이런 담당자들과 이야기하고 설득하려면 철저한 준비가 필요하다.

대부분 정부지원사업에는 자금 소요 및 조달계획을 작성한다. 단순히 금액이 아닌, 금액의 적정성과 집행계획까지 상세히 작성해야 한다. 각 정부지원사업마다 운영 지침과 관리기준이 조금씩 다르다. 그에 맞는 자금 사용명세를 작성하고 계획대로 집행해야 한다.

사업자금으로 사용할 수 있는 항목

비목	정의
재료비	사업계획서 상의 사업화를 위해 소요되는 재료 또는 원료를 구입하는 비용
외주용역비	창업기업이 자체적으로 시제품제작을 완성할 수 없는 경우 일부 공정에 대해 외부 업체에 의뢰하여 제작하고, 이에 대한 대가를 지급하는 비용
기계장치 (공구·기구, 비품, SW 등)	사업화를 위해 필요한 일정 횟수 또는 반영구적으로 사용 가능한 기계 또는 설비, 비품을 구입하는 비용
특허권 등 무형자산 취득비	사업계획서 상의 창업아이템과 직접 관련있는 지식재산권 등의 출원 등록관련 비용
인건비	창업기업 소속직원(정규직, 비정규직, 무기계약직)에 대한 보수/사업 수행을 위한 일용직, 기간제 근로자 등 임시직에 대한 보수
지급수수료	기술이전비, 학회 및 세미나 참가비, 전시회(박람회) 참가비, 시험·인증비, 멘토링비, 운반비, 보험료, 법인설립비(온라인법인설립시스템 활용시), 회계감사비/기자재 임차료, 사무실 임대료, 보관료
여비	창업기업 대표, 재직 임직원이 사업화를 위해 타국가로 출장 등의 사유로 집행하는 비용
교육훈련비	창업기업 대표, 재직 임직원이 사업화를 위해 기술 및 경영교육 이수 시 집행하는 비용
광고선전비	창업기업 제품과 기업을 홍보하기 위한 홈페이지 제작비, 홍보영상 및 홍보물 제작비, 포장 디자인비, 일간지 등의 광고게재, 기타 마케팅에 소요되는 비용(또는 계약을 체결하여 외부업체에 의뢰하는 경우 포함)
창업활동비	특정업무담당분야에 근무하는 자에 대한 활동비로 월정액(월 50만 원 한도)을 지급하는 경비

출처 : 중소벤처기업부

중소벤처기업부에서 공개한 사업자금으로 사용할 수 있는 항목을 보면, 재료비, 외주 용역비부터 창업활동비까지 종류가 다양하다. 이런 다양한 항목 중에서 자신의 기업이 필요한 항목을 특정해야 한다. 또한, 이유를 명확하게 작성하고 증명해야 한다.

제조업을 운영한다고 가정해보자. 제조업의 이익을 극대화하기 위해서는 좋은 제품을 꾸준히 생산해야 한다. 제품을 생산하기 위한 재료비, 기계장치, 인건비 등이 필요하다. 가장 먼저 할 부분은 사업자금이 지원될 시 추가되는 이익을 측정해야 한다. 사업에 대한 식견과 경력, 운영 비결이 갖춰져 있다면, 현실적인 측정은 필수적이다. 여기서 말하는 이익은 영업이익을 말한다.

영업이익은 총매출에서 제품을 생산하는 원가를 뺀 이익을 말한다. 해당 원가에는 재료비, 기계장치에 투입된 비용, 인건비가 포함되어 있다. 여기에 추가적인 이익을 위해서 어떤 부분에 비용을 더 투입하고 줄일지 분석해야 한다. 재료는 정상적인데 불량이 많이 나온다면, 제품이 생산되는 과정에 문제가 있는 것이다. 그 문제가 노후 기계이면 기계를 교체해야 이익이 늘어난다.

만약, 기계는 정상인데 재료가 불량이라 투입량이 많아지면, 재료를 점검하고 공급처를 교체해야 한다. 원재료나 기계가 모두 이상이 없으면, 유통과정이나 판매 과정도 점검해야 한다. 이처럼 이익을 최종적으로 실행되는 과정까지 명확하게 살펴야 한다. 그후 어디에 중점적으로 사업자금을 투입할지 결정해야 한다.

결정된 사항을 바탕으로 자료를 준비하고, 사업자금이 필요한 부분을 기관 담당자에게 말해야 한다. 그리고 사업자금이 투입되면 얼마나 이익이 나는지도 구체적으로 보여줘야 한다. 당연히 객관적으로 증명되고 수치화된 자료는 필수다. 일반적으로 개인 신용이나 담보를 제공하고 받는 은행 대출과는 성격이 다르다.

 정부가 정부지원사업으로 기업에 사업자금을 지원하는 이유가 있다. 기업이 올바르게 성장해서 사회에 공헌하게 만들기 위해서다. 이익이 늘어나면 내는 세금도 늘어서 국가의 재정을 튼튼히 한다. 또한, 기업이 커지면 운영하기 위한 추가적인 인력도 필요하다. 일자리가 늘어나고 채용도 활발하게 이루어진다. 소득이 생긴 근로자들은 꾸준히 소비하게 되고 지역 상권까지 살아난다.
 이처럼 올바른 정부지원사업 하나로 파생되는 이득이 많다. 코로나19로 인해 모두가 힘들어졌고, 서로가 살아남기 위해서 치열한 경쟁을 한다. 치열하다고 모든 기업에 지원할 수는 없다. 그러니 기관 담당자들은 신중하고, 정확하게 기업을 분석하고 지원한다. 이제는 과거와 같이 예산이 남아돌아 퍼주는 시기는 지났다. 돈이 필요한 이유를 명확히 해라.

인사·노무 관리를 철저히 해라

"남을 너그럽게 받아들이는 사람은 사람들의 마음을 얻고, 위엄과 무력으로 엄하게 다스리는 자는 사람들의 노여움을 얻게 된다."

조선의 제4대 왕이었던 세종대왕이 했던 말이다. 조선의 역사를 통틀어 가장 성군이다. 또한, 태평성대를 이루고 백성을 위하는 마음이 가장 크고 백성을 사랑했던 왕이다. 제3대 왕인 태종이 무(武)로 통치했다면, 세종대왕은 문(文)으로 통치했다. 그만큼 인재들을 존중했고 한번 믿으면 의심하지 않았다.

지금 시대에 기업경영에 가장 중요하게 생각하는 부분이 사람에 대한 관리다. 기업이 운영되려면 반드시 사람이 필요하기 때문이다. 아무리 기술이 좋아져서 기계화된다고 하더라도 사람이 필요한 부분은 반드시 존재한다. 적재적소에 인재를 채용하고 일할 수 있는 환경을 조성해주는 것도 기업이 할 의무 중 하나다.

그에 맞춰 정부지원사업도 고용에 대한 지원금의 비중이 아주 크다. 취업 환경을 조성하고, 고용 확대와 활성화를 위해서 매년 많은 돈을 지원한다. 고용유지, 고용추가, 청년고용, 여성고용 등 연령별, 상황별에 맞춰서 고용에 대한 지원금 정책은 다양하다. 많은 기업이 해당 정책을 활용해서 혜택을 보고 있다. 하지만 지원받은 후 사후 관리에 대해서는 지침을 따르지 않거나 소홀한 경우가 많다.

내가 자문했던 기업도 지침을 모르고 있다가 피해를 볼 뻔했다. 해당 기업은 2021년에 한시적으로 시행했던 특별고용촉진장려금의 혜택을 보고 있었다. 당시에 1개월 이상 실업 중인 자를 최소 6개월 이상 근로계약을 체결하면 지원금을 주는 제도였다. 지원 금액도 최초 6개월은 1인당 월 100만 원이다. 계속 근로를 연장 시 추가 6개월은 월 60만 원을 지원했다. 이 기업은 3명이 대상자가 되어서 지원받고 있었다.

이렇게 고용에 대한 지원금을 줄 때는 대부분 감원 방지 의무라는 규정이 있다. 해당 지원금을 받기 위해서 근로자를 해고하는 등의 방법으로 고용조정을 방지하기 위한 규정이다. 이 규정을 위반하면 지원금이 모두 환수되고 법적 처벌을 받는다. 다만 근로자의 계약 만료나, 자발적 퇴사로 인한 불가피한 고용조정은 처벌 대상이 아니다.

하지만 내가 자문했던 기업의 대표는 근로자를 너무 배려했다. 2명의 근로자가 자발적인 이유로 퇴사를 요청했는데, 해당 근로자들이 실업급여 혜택을 받고 싶어 했다. 자발적 퇴사가 아닌 권고사직으로 해달라는 것이다. 그래야 실업급여를 받을 수 있기 때문이다. 기업대표는 나에게 자문했고, 나는 원래 자발적 퇴사이니 그대로 처리하라고 조언했다.

이유는 특별고용촉진장려금의 혜택을 보고 있는데, 권고사직으로 처리하면 감원 방지 의무를 위반하게 된다. 받았던 지원금은 모두 환수가 된다. 또한, 근로자의 자진 퇴사를 권고사직으로 처리하면 문서위조가 된다. 그리고 권고사직이 많은 회사는 기업의 신용에도 영향을 미친다. 여러 가지로 기업에는 피해만 쌓이게 되는 것이다.

나의 조언대로 기업대표는 정상 절차대로 자발적 퇴사 처리를 했고, 감원 방지 의무도 위반하지 않게 되었다. 그리고 대표에게 감원 방지 의무 판단기준을 보내주면서 반드시 지켜야 할 부분이라고 강조했다. 그러자 대표는 이런 규정이 있는지는 몰랐고, 기업의 정상적인 운영을 위해서 규정을 잘 준수하겠다고 했다.

이렇게 근로자를 대상으로 노동력을 능률적으로 활용하고 관리하는 것이 노무관리다. 우리나라는 특히 근로자를 보호하기 위한 법률과 제도가 많다. 그 중심에는 근로기준법이 있다. 근로기준법은 1997년 3월 13일 제정된 법이다. 근로조건의 기준을 정하고, 근로자의 기본적 생활을 보장하며 향상하기 위한 목적으로 만들어졌다. 시대에 맞게 제정 및 개정하고 있다.

기억해야 할 사항은 근로기준법은 강행법이다. 사업장과 근로자의 의사와 무관하게 적용된다는 말이다. 만약 위반 시 쌍방의 의사에 상관없이 해당 법률에 따라 처벌된다. 그만큼 쌍방이 서로 지켜야 하는 의무다.

2022년 3월 기준으로 기업을 운영하는 사업주라면 반드시 지켜야 할 4가지 사항이 있다. 바로 근로계약서 교부, 최저임금 준수, 주휴수당 지급, 임금명세서 교부다. 근로계약서는 근로자가 사업주에게 노동을 제공하고, 일정 대가를 받기 위해서 작성하는 서류다. 고용노동부에서 정한 표준안을 기준으로 사업장 상황에 맞게 작성해야 한다.

근로계약서는 사업주와 근로자 각각 한 부씩 작성하고 보관해야 한다. 간혹 아르바이트나 연소자라고 해서 근로계약서를 작성하지 않는 경우가 있는데 무조건 작성해야 한다. 고용노동부에서는 해당 근로 형태에 맞는 표준 근로계약서 양식을 제공하고 있으니 꼭 활용해서 작성하도록 해야 한다.

최저임금은 최저임금법에 따라서 매년 최저임금위원회에서 해당 연도의 최저임금을 측정한다. 모든 산업에 강제적으로 적용된다. 2023년 기준으로 최저시급은 9,620원이고, 월 환산액은 2,010,580원이다. 주 40시간, 월 환산 209시간(주휴수당 8시간 포함) 기준이다. 아르바이트, 단순노동, 일용직을 채용하더라도 해당 시급은 무조건 줘야 한다.

주휴수당의 경우에는 1주일에 15시간 이상 근무를 하는 근로자를 대상으로 지급한다. 주휴일에 근로를 제공하지 않고 하루 치의 임금을 추가로 지급하는 것이다. 기본으로 제공되는 임금과 별도로 산정해서 지급해야 한다.

주휴수당은 '1일 근로시간×시급'으로 계산한다. 만약 시급이

만 원인 근로자가 하루 8시간, 주 5일을 모두 근무했다면 주휴수당으로 8만 원을 추가로 지급하는 것이다. 지급하지 않으면 임금 체불로 근로기준법을 위반하는 것이다.

임금명세서는 2021년 11월 19일에 사업주가 근로자에게 반드시 교부하도록 의무화했다. 단순히 임금 총액만 알려줄 때 근로자가 임금 명세 등 임금 관련 정보를 확인하기 어렵다. 이에 사업주와 근로자 간의 분쟁을 막기 위해서 상세명세까지 교부를 하도록 했다.

근로자 특정 정보, 지급일, 총액, 구성 항목별 금액, 구성 항목의 계산법, 공제명세가 반드시 명시되어 있어야 한다. 교부는 서면이나 전자우편, 문자, SNS로 가능하다. 고용노동부는 임금 명세서 양식과 교부 프로그램을 무료로 제공한다. 사이트에 접속해서 만들면 국가 표준양식으로 작성할 수 있다.

이처럼 인사·노무 관리를 철저하게 해야 하는 이유는 정부지원사업에서 불이익을 당하기 때문이다. 모든 정부지원사업의 경우 기업의 경영과 관련해 사회적 물의를 일으키면 대상에서 제외한다. 국세 체납, 임금 체납, 불공정 영업행위 등 법률을 위반한 사업주는 어떠한 혜택도 받을 수 없는 것이다.

따라서, 국가에서 정한 법률과 규정, 양식에 맞게 인사·노무 관리를 철저히 해서 투명한 기업을 만들자. 그리고 정부지원사업을 받을 수 있는 기초를 탄탄히 하자.

5장

창업 후 계속 정부사업지원금을 받는 방법

정부사업지원금에도 루틴이 있다

나는 새벽 5시 15~20분 사이에 기상한다. 잠자리를 정리하고 아내가 만들어놓은 샐러드를 냉장고에서 꺼낸다. 옷방으로 이동해서 어제 미리 준비한 옷을 입는다. 컴퓨터 책상 위에 마스크와 차 열쇠를 챙겨 들고 현관문을 나선다. 주차장으로 이동해서 차를 타고 서울 영등포 사무실로 출근한다. 사무실에 도착하면 아침 6시 30분 정도가 된다.

도착 후 같은 층에 있는 피트니스센터로 가서 유산소 운동을 한다. 경사도는 7.5%, 속도는 $6km/h$, 50분 동안 $5km$를 걷는다. 그 후 간단하게 샤워하고 사무실로 돌아와서 저지방 우유에 선식을 타서 먹는다. 그리고 사무실 책상에서 2025년 9월 29일까지 이룰 성공선언을 노트에 연필로 적는다.

이것이 나의 아침 루틴이다. 다이어트를 시작하고 건강한 습관을 기르고자 2022년 6월부터 시작한 루틴이다. 처음에는 이런 루틴을 잡기가 무척 힘들었다. 계획 없이 즉흥적으로 살아왔기 때문이다. 많은 노력 끝에 나만의 아침 루틴이 잡혔다.

 정부지원사업은 하루에도 수없이 쏟아진다. 정부 중앙기관부터 지자체 기관까지 기업을 지원하기 위한 제도가 다양하다. 이런 다양한 제도들을 일일이 찾아보기에는 너무 방대한 범위로 찾아야 한다. 기업을 운영하는 대표나 관리자들은 정부지원사업만 찾아보기에는 시간이 너무 촉박하다.
 자신의 기업에 맞는 정부지원사업을 찾는 것이 무엇보다 중요하다. 하지만 그것보다 더 중요한 것은 큰 흐름을 파악하는 것이 중요하다. 정부지원사업의 예산은 언제 책정되는지, 언제 추가적인 자금이 투입되는지를 알아야 한다. 또한, 매년 변경되는 주요 지원사업 내용과 혜택을 파악하고, 미리 준비해야 확률이 높아진다.

 매년 5~8월에 기획재정부에서 다음 연도 예산안을 발표한다. 2022년에는 8월 30일에 2023년 예산안 및 국가재정 운영계획을 발표했다. 일자리 지원예산은 공공일자리 지원을 축소하고, 직업훈련이나 고용서비스 등 민간일자리로 확대한다. 반도체 산업과 핵심 전략기술(반도체, 5G·6G·양자, 미래모빌리티, 우주, 첨단바이오, 이차전지, 인공지능)에 집중적으로 투자한다. 그리고 벤처창업 및 중소기업 기술 기반 혁신을 지원하는 내용도 있다.
 이렇게 기획재정부에서 예산이 구성되면, 해당 예산을 바탕으로 지원사업의 방향이 결정된다. 중소기업 관련 예산과 세부 정책은 중소벤처기업부에서 상세하게 공개한다. 매년 12월 말에 정책자금 융자계획과 상반기 사업 공고를 한다. 2023년에 진행될 사업도 2022년 12월 말에 공고한 대로 진행된다.

그리고 매년 1월부터 2월까지 중소기업과 소상공인 지원사업 설명회를 개최한다. 온라인으로 분야별 설명회를 개최하고 사업별 주요 내용, 달라지는 제도, 참여 방법 등을 상세하게 알려준다. 별도의 신청 없이 참여할 수 있고, 설명회가 끝나면 중소기업 지원사업 책자를 온라인으로 무료 배포한다. 해당 배포자료는 반드시 다운받아서 참고해야 한다. 책자는 전자책 형태이고, 기업마당 및 중소벤처기업부 누리집에서 받을 수 있다. 또한 수시로 보도자료 형태로 공고나 지원사업이 공개되니 수시로 살펴봐야 한다.

고용노동부도 책정된 예산안에 맞춰서 고용 관련 정책을 공개한다. 중소벤처기업부와 마찬가지로 매년 12월에 다음 연도 지원사업에 대한 공고가 나온다. 2022년에 청년 일자리 도약 장려금 지원사업이 있었다. 청년을 일정 요건에 맞춰서 채용하면 지원금을 주는 사업이다. 고용노동부가 민간 위탁사업으로 진행을 한 사업이다.

고용노동부 사이트에 2021년 12월 15일 민간위탁운영 기관 모집공고가 공개되었다. 해당 공고에는 사업개요가 상세히 공개되었다. 지원대상과 지원대상 기업, 지원요건, 한도 등이 상세히 나와 있었다. 특히 절차에 대한 추진체계가 명확하게 나와 있어서 사업주들은 지원 프로세스도 확인할 수 있다.

운영기관 모집공고가 나왔다는 것은 다음 연도에 반드시 해당 사업이 시행된다는 거다. 2022년 1월 11일에 청년 일자리 도약 장려금 사업의 상세 지침이 공개되었고 시행이 된 것이다. 추가로 2022년 2월 25일에는 고용장려금 지원제도를 최종적으로 확정하고 공고했다. 지원사업 중 민간 위탁이 아닌 고용노동부 자체에서 운영하는 사업도 확인할 수 있다.

그리고 코로나19처럼 특수한 상황의 경우, 정부는 추가경정예산(이른바 추경)을 집행한다. 2022년에는 총 2번의 추경을 집행했다. 소상공인지원과 방역 보강, 손실보전이 주된 목적이었다. 이런 추경 예산안을 보면, 추가로 집행될 만한 지원사업이 보인다.

2023년 고용노동부 예산안은 34조 9,923억 원이다. 해당 내용을 보면 청년 맞춤형 서비스와 고령자 계속 고용 촉진을 위해 고령자 고용지원금을 확대할 전망이다. 2023년 1월이 되면 고용노동부 홈페이지에 이와 관련된 사업공고가 공개되니 확인하고 준비하면 된다. 또한, 기술보증기금과 신용보증기금은 매년 1월 경영전략 워크숍, 신년사의 개념으로 당해 보증 총량과 지원 방향을 종합적으로 공개한다.

정부지원사업에는 정책자금과 고용지원금도 있지만, 기술개발 지원사업도 있다. 보통 R&D 과제라고 하는데, 중소기업의 기술력을 발전시키고 국가 경쟁력을 강화하는 목적으로 시행한다. '중소기업 기술개발 사업 종합관리시스템' 사이트에 해당 연도 기술개발 지원사업이 통합적으로 공고된다.

사업공고를 일정표로 해서 월별 계획으로 볼 수 있도록 공개되어 있다. 또한, 다른 기관과 마찬가지로 매년 12월에 다음 연도 시행 예정인 공고를 공개하니 참조해서 준비하면 된다. 사업별로 할당된 연간 지원 규모까지 확인할 수 있다.

예비창업자나 초기 창업자라면 창업진흥원을 꼭 확인해야 한다. 매년 1월 말이나 2월 초에 창업지원사업 통합설명회를 발표한다. 예비창업패키지, 초기 창업패키지 등 창업단계에서 초기 성장기까지 지원사업이 공고되니 꼭 확인하자.

이처럼 정부지원사업은 부서별로 다양하다. 하지만 예산을 편성하고 공고하는 시기는 비슷하다. 이런 패턴을 이해하고 어디에서 봐야 하는지 알면, 정부지원사업의 혜택을 훨씬 많이 접할 수 있다.

먼저 매년 5~8월 사이에 기획재정부의 내년 예산이 편성된다. 편성된 예산을 바탕으로 각 기관은 12월에 다음 연도 지원사업을 공고한다. 해당 공고를 바탕으로 다음 연도 사업을 예측하고, 자신의 기업에 해당할 부분을 점검해둔다.

그리고 매년 1월에는 기존 공고를 바탕으로 확정된 공고를 공개한다. 매년 1월에 예산이 많은 시기라 많은 공고가 동시에 등록된다. 상세히 살펴보고 자세한 신청 방법, 신청 시기, 신청 대상 등을 미리 알아두자. 하지만 실질적인 시행은 2월이 되어야 한다. 이유는 매년 1월에는 정기 인사이동이 있고, 명절도 있기 때문이다.

매년 기획재정부에서 추경 예산안을 발표한다. 보통 1회 정도 추경하지만, 코로나19 같은 특수 상황이었던 2020년에는 4차 추경도 진행했다. 추경 예산안이 발표되면 예산안에 기업지원이나 고용지원 관련 사항도 항상 포함된다. 추경이 되면 예산은 3분기 정도에 배정이 된다. 배정된 예산으로 추가적인 지원사업을 각 기관에서 공고하니 예산안 공문을 정독하고 준비해야 한다.

종합해보면, ① 기획재정부 다음 연도 예산안 확인, ② 매년 12월 기관별 다음 연도 사업공고 확인, ③ 매년 1월 기관별 정부지원사업 확인, ④ 기획재정부 추경 예산안 확인, ⑤ 예산 집행 후 기관별 추가 정부지원사업 공문 확인, ⑥ 같은 패턴을 반복한다.

해당 패턴대로 확인하는 습관을 지니면, 거의 모든 정부지원사업을 확인할 수 있다.

02 기술개발 및 기업인증을 활용해라

　나는 조경사업을 하면서 조경기능사 자격증을 취득했다. 당시에는 조경사업을 꾸준히 운영하고, 전문성을 키우기 위해서였다. 그리고 사업을 하면서 추가로 굴착기 운전기능사 자격증도 취득했다. 조경 공사가 일정 범위 이상이면 반드시 굴착기가 필요하다. 그때마다 외부 기술자를 쓰려니 비용이 너무 많이 들었다. 그래서 비용도 줄이고, 원하는 방법대로 장비를 사용하고자 전문 자격증을 취득했다.

　국가에서는 2012년 1월 1일부터 노동부령 제11호에 따라 26개의 분야에 국가기술자격을 시행하고 있다. 고용노동부에서 국가기술자격 법령 및 제도 운용을 총괄한다. 그리고 각 주무 부처에서 관련 사업법령에 의거해 자격취득자 활용 및 사후 관리를 한다. 국가기술자격의 검정 및 시행은 한국산업인력공단에서 집행한다. 또한, 공단 이외에 7개 수탁기관에서 검정 시행을 위해 협력하고 있다.

개인은 국가기술자격을 통해서 자신의 가치를 증명하고 취업에도 활용한다. 그리고 경험을 쌓고 추가적인 공부를 해서 기술자격의 등급을 올려서 자신의 가치를 올린다. 기업도 마찬가지로 기업의 가치를 국가에서 인증해주는 제도가 있다. 바로 국가에서 지정하는 기업인증 제도를 활용하면 된다. 기업의 형태나 기술력을 판단해서 국가에서 정한 기준과 검증과정을 거치면 각종 기업인증을 받을 수 있다. 대표적인 기업인증을 몇 가지 소개한다.

벤처기업 확인 유형

공통요건 「중소기업기본법」 제2조에 따른 중소기업	
확인유형	**기준 요건**
벤처투자	- 적격투자기관으로부터 유치한 투자금액 합계 5천만원 이상 - 자본금 중 투자금액의 합계가 차지하는 비율 10% 이상(단, 문화콘텐츠 7% 이상)
연구개발	- 기업부설연구소, 연구개발전담부서, 기업부설창작연구소, 기업창작전담부서 중 1개 이상 보유 - 직전 4개 분기 연구개발비 5천만원 이상 - 직전 4개 분기 총매출액 중 연구개발비의 합계가 차지하는 비율 5% 이상 (창업 3년 미만은 제외) - 사업의 성장성 평가 우수
혁신성장	- 기술의 혁신성과 사업의 성장성 평가 우수
예비벤처	- 법인 또는 개인사업자 등록을 준비 중인 자 - 기술의 혁신성과 사업의 성장성 평가 우수

출처 : 중소벤처기업부, 벤처기업확인기관

먼저 대표적인 기업인증으로 벤처기업 인증이 있다. 벤처기업 인증은 '벤처기업육성에 관한 특별조치법'에 규정된 일정 요건을 갖춰야 한다. 기술의 혁신성과 사업의 성장성이 우수한 기업을 벤처기업으로 발굴하고 지원해주는 제도다. 유형은 총 4가지로 구성된다. 벤처 투자형, 연구 개발형, 혁신 성장형, 예비벤처형이다.

유형별로 전문성을 갖춘 전문 평가기관이 평가한다. 신청기업의 서류검토 및 현장 실태를 조사하고, 기술의 혁신성 및 사업의 성장성을 평가한다. 또한, 민간 전문가 50인으로 구성된 벤처기업 확인 및 취소에 관한 심의·의결을 담당한다.

평가 절차에 따라 평가가 완료되고 벤처기업으로 인증이 되면 각종 우대지원혜택이 있다. 먼저 창업 후 3년 이내에 벤처기업 인증을 받으면, 법인세·소득세를 최대 5년간 50%를 감면한다. 그리고 사업 관련 부동산을 취득할 때 취득세를 75% 감면한다. 재산세도 3년간 면제, 이후 2년간 50%를 감면한다. 또한, 기술보증기금 보증한도를 최대 50억 원까지 확대하고, 코스닥 상장을 할 때 심사기준도 우대해준다. 그 밖에도 지원내용이 아주 많으니 가능하면 벤처기업 인증은 꼭 받으면 좋다.

다음으로 소개할 기업인증은 이노비즈 인증이다. 이노비즈 인증은 연구개발을 통한 기술 경쟁력 및 내실을 기준으로 선정한다. 따라서 중소기업이 최소 업력 3년 이상 되어야 신청할 수 있다. 특이한 점은 벤처기업 인증과는 달리 온라인 자가 진단을 먼저 진행해야 한다는 것이다. 자가 진단에서 기술혁신 시스템을 평가하게 되는데, 1,000점 만점 중에 650점 이상이 되어야 현장 평가가 진행된다. 만약 650점 미만이면 자동으로 평가에서 탈락하게 된다.

온라인 자가진단에서 통과하게 되면 그 후 현장평가가 진행된다. 기술보증기금에서 전문가가 파견되어 평가한다. 이때 700점 이상 되어야 하고, 개별 기술 수준 평가는 B등급 이상이 되어야 한다. 그 후 현장평가 결과와 기술혁신 평가 기준을 동시에 만족

이노비즈넷 인증 사이트

출처 : 이노비즈넷

해야 최종적으로 인증을 받을 수 있다. 평가 기준이 벤처기업 인증보다는 까다롭다.

　하지만 큰 걱정은 하지 않아도 된다. 이노비즈넷에 접속하면 현장평가 준비 안내부터 사업계획서 양식, 평가지표 등 모든 사항이 공개되어 있다. 평가지표도 업종별로 상세하게 나뉘어 있고, 평가항목과 점수표까지 있으니 참고하면 된다. 이노비즈 인증 자체가 기술력에 대한 능력, 사업화, 혁신 능력 및 성과 등을 주로 평가한다. 따라서 등록 특허나 기술개발에 투자하는 비용이 많으면 유리하다.

　이노비즈 인증을 취득하게 되면, 벤처기업 인증과 마찬가지로 각종 혜택이 있다. 국가에서 지원하는 금융 및 세제 혜택은 물론이고, 기술개발 국가사업에 가점 혜택도 있다. 또한, 이노비즈 협회에 정식 회원사로 등록을 하게 되면 회원사만의 혜택도 따로 있다. 각종 혜택의 상세한 내용은 이노비즈넷이나 중소기업기술혁신협회(이노비즈 협회) 홈페이지에서 확인할 수 있다.

이노비즈가 기술력 중심의 인증이라면, 경영혁신 활동을 평가하는 인증은 메인비즈다. 메인비즈는 마케팅 및 조직혁신 등 비기술 분야의 경영혁신형 중소기업을 대상으로 한다. 메인비즈와 마찬가지로 창업 후 업력 3년 이상이 되어야 하고, 온라인 자가진단을 해야 한다. 온라인 자가진단 시 점수 600점 이상이 되어야 현장평가가 이루어진다. 현장평가에서는 700점 이상을 획득해야 한다.

메인비즈 운영규정 개정안

[공지] 경영혁신형 중소기업(Main-Biz) 제도 운영규정 개정안 (2022.4.1.)	작성일	2022-03-31

22. 4. 1. 중소벤처기업부 고시 제2022-21호
2022년 4월 1일자로 개정 된 메인비즈 운영규정 개정안 전문을 첨부하오니 참고 바랍니다.

〈주요 개정 사항〉

1) 여가부 인증 '가족친화기업'에 인증평가 시 가점 항목 신설

2) 연장신청 후 현장평가 지연사례 방지 위한 처리기간 마련
   - 처리기간에 포함되지 않는 기간을 최대 90일 까지로 명시

3) 지방중기청 발급지역 번호 분리(대전·세종05, 충남13)

붙임 1. (중소벤처기업부고시 제2022-21호)경영혁신형 중소기업(Main-Biz) 제도 운영규정
      2. [별표1] 경영혁신형_중소기업_평가지표_개정.hwp
      3. [별표2] 경영혁신_진단_평가표_개정.hwp

출처 : 메인비즈 인증 사이트

리더십, 경영 비전, 조직관리 역량, 전문인력 확보, 구성원 역량 등 기업경영에 필요한 부분을 주로 평가한다. 이노비즈처럼 기술력 위주의 평가와는 대조적이다. 메인비즈 인증 사이트에 접속하면 평가지표와 진단 평가표가 자세하게 공개되어 있다. 상세히 정독해서 준비하면 된다. 그리고 메인비즈 인증을 받으면 국가사업

에 대한 가점 및 각종 혜택이 있다. 자세한 혜택 사항은 메인비즈 인증 홈페이지나 메인비즈 협회 홈페이지에 공개되어 있다.

여기서는 대표적인 기업인증 제도 3가지를 소개했지만, 기타 기업인증 제도도 아주 많다. 국가표준인증 통합정보시스템이라는 사이트에 가면, 우리나라의 표준인증은 모두 검색이 가능하다. 기업의 업종이나 상황에 맞게 인증제도를 확인하고 활용하면, 정부 지원사업에 유리한 고지를 선점할 수 있다.

재무제표를
철저히 관리해라

아내는 대학을 졸업하고 바로 취업했다. 나와 결혼하고 아이를 낳기 전까지 계속 일했다. 아내는 CAD로 전기 도면을 그리는 일을 하며 받은 월급으로 저축도 하고, 집에 생활비를 보탰다. 손으로 가계부를 작성하지는 않았지만, 스마트폰 가계부를 작성했다. 저축, 생활비, 고정지출, 비상금까지 용도별로 관리를 했다. 또한, 카드 사용 시 이용내역을 스마트폰 가계부로 연동해서 자동으로 분류가 되도록 했다.

언제든 스마트폰 가계부로 재정 상황을 알 수 있었고, 주요 사용처를 파악하고 조절할 수 있게 되었다. 사업을 운영할 때 가정의 가계부처럼 작성되는 것이 있다. 그것은 바로 재무제표다. 재무제표는 기업의 재무상태나 경영성과 등을 보여주는 문서다. 재무제표는 크게 재무상태표, 손익계산서, 현금흐름표로 나뉜다.

재무상태표는 특정 시점에 보유하고 있는 자산과 부채, 자본의 잔액에 대한 정보를 보여준다. 특정 시점은 사업결산일을 기준으로 한다. 대부분 기업의 사업결산일은 매년 12월 31일이다. 즉, 매년 12월 31일 기준으로 자산, 부채, 자본의 잔액 등을 표시한다. 특정일을 기준으로 작성되어 재무구조가 부실한 경우 가장 많은 부정이 일어나기도 한다.

그리고 가끔 자문하다 보면 재무상태표가 잘못되어 불이익을 당하는 기업도 있다. 내가 자문을 하는 기업대표에 소개받아 스포츠 의류 업체를 방문했다. 의류 업체 대표는 사업을 운영하면서 제품개발비와 운영비 조달을 위해서 조언을 구했다. 대표가 디자이너 출신이라 직원과 함께 직접 옷을 디자인하고 시제품을 만들기도 했다.

창업 전 경력도 좋아서 자금조달이 무난해 보였다. 그런데 절차대로 재무제표를 점검했는데 이상한 점을 발견했다. 이 의류 업체는 대량 제조시설이 없어서 국내 위탁 업체에 맡겨서 제조하고 있었다. 위탁 업체와 정식으로 OEM 계약서를 작성도 했다. OEM 방식은 생산을 제외한 제품 기획과 개발, 설계를 모두 의뢰자가 제공하는 방식이다.

이런 OEM 방식의 경우에는 직접 제조하지 않더라도 제조업으로 인정이 된다. 제조업이면 매출이 제품매출로 표시가 되어야 한다. 하지만 해당 업체는 상품매출로 전부 표시가 되어 있었다. 상품매출로 표시가 되어 있으면, 제조업이 아니라 일반 도소매업이다. 정부지원사업에서 제조업이 도소매업보다 훨씬 유리한 업종이다.

대표에게 이 사실을 알렸고, 세무 기장을 대행하는 세무사에게 연락했다. 확인해보니 직접 제조하지 않는다는 말만 듣고 상품매출로 표시를 한 것이다. OEM 계약서나 제조업으로 인정되는 조건을 세심하게 체크를 하지 않았다. 창업 당시부터 OEM 계약을 통한 생산을 하고 있던 서류를 제출했고, 상품매출을 제품매출로 수정했다.

이후 디자인 개발을 전문적으로 추진하기 위해 디자인 연구개발 전담부서 설립도 도와줬다. 설립 후 정부지원사업을 신청했고, 정책자금을 지원받을 수 있었다. 제조업으로 인정받을 수 있는 제품매출이 명확했고 대표의 경력, 기업의 기술력을 인정받았기에 가능했다. 이처럼 재무제표 항목 하나에 기업의 형태가 바뀔 수 있으니 주의해야 한다.

대부분 기업대표는 기장 세무사를 가장 많이 접한다. 물론 기장 세무사가 전문적이지 않다는 말이 아니다. 기업을 위해서 밤새 노력하고 조금이라도 도움이 되려고 발로 뛰는 세무사가 대부분이다. 세무사의 주요 업무는 세무 대리다. 재무제표 작성도 하지만, 재무제표를 전문적으로 관리하지는 않는다. 재무제표 작성과 관리는 별개의 문제다.

기업이 재무제표를 관리해야 하는 또 다른 이유는 기업의 신용도에 큰 영향을 주기 때문이다. 학교에서는 정기적으로 시험을 본다. 배운 과목에 대한 이해정도를 측정하기 위해서다. 시험을 본 후 성적표가 나오는데 1등부터 마지막 등수까지 나뉜다. 재무제표는 기업을 숫자로 판단하는 성적표와 같다.

은행과 정부기관 모두 기업의 재무제표를 중심으로 분석하고 평가를 한다. 대표적으로 기업 신용등급 평가를 하는데, 기업 신용등급은 대외신용도나 자금조달을 할 때 큰 영향을 미친다. 일반적으로 재무제표를 분석할 때 가장 많이 쓰는 방식은 비율 분석이다. 기관 담당자들이 주로 보는 비율은 안정성, 수익성 비율이다.

안정성 비율은 기업의 시장 환경에 대한 대응 능력이나 채무 상환 등 지급 능력을 비율로 나타난다. 대표적으로 부채비율, 유동비율, 당좌비율, 이자보상배율 등이 있다. 부채비율은 기업의 총자본 대비 부채가 몇 퍼센트인지 보는 비율이다. 업종에 따라 비율 적정성이 조금씩 달라진다.

유동비율은 기업이 단기적인 자금 지급 능력이 있는지 보는 비율이다. 유동부채 대비 유동자산의 비율을 측정하는 것이다. 여기서 말하는 유동부채는 만기도래 1년 이내의 부채이고, 유동자산은 현금으로 쉽게 바꿀 수 있는 자산을 말한다.

당좌비율은 기업의 유동성을 조금 더 엄격하게 보는 비율이다. 유동부채 대비 당좌자산 비율을 측정한다. 당좌자산이란 유동자산 중에 판매가 이루어져야 현금화가 가능한 재고자산을 제외한 자산을 말한다. 현금이나 단기금융상품이 대표적이다.

이자보상배율은 정책자금 융자나 은행에 부채가 있는 기업에는 중요한 지표다. 기업의 영업이익으로 이자를 갚을 능력이 있는지 나타내는 지표다. 이자 비용 대비 영업이익의 비율을 본다. 비율이 1보다 크면 이자 지급 능력이 있다고 판단한다. 보통 비율이 3은 되어야 안정적이라고 본다. 정부기관이나 은행에서 반드시 점검하는 지표다.

수익성 비율은 기업의 이익 창출 능력과 경영성과를 측정하는 비율이다. 대표적으로 영업이익률, 자기자본이익률, 총자산이익률 등을 본다. 영업이익률은 매출액 대비 영업이익의 비율을 본다. 기업의 이익 창출 능력을 판단하는 대표적인 지표다. 평균적으로 제조업은 5~7%, 도소매업은 2~5% 내외로 본다.

자기자본이익률은 자기자본 대비 당기순이익을 비율을 본다. 투입된 자본 대비 순수익을 보는 지표로 자기자본이익률이 높으면 주주에게 돌아가는 이익이 많아진다. 당기순이익이 많으면 영리법인 기업의 배당 가능 금액도 많아진다.

총자산이익률은 총자산 대비 당기순이익 비율이다. 자기자본뿐만 아니라 부채까지 포함해서 이익률을 나타낸 지표다. 전체적인 자산을 효율적으로 운영하면서 기업운영이 잘되고 있다고 판단하는 지표다.

이 외에도 수많은 지표가 있지만, 앞서 언급한 주요 지표는 아주 잘 관리해야 한다. 주요 지표관리를 잘하면 매출과 영업이익은 늘어나고 자산도 늘어난다. 재무제표는 기업의 가치를 평가하는 중요한 요소다. 결국, 기업은 돈이 있어야 운영되기 때문이다. 정부기관도 심사를 볼 때 반드시 재무제표를 제출하라고 한다. 일부 사업의 경우에는 재무제표와 사업계획서만을 가지고 지원 여부를 판단하기도 한다.

재무제표 관리를 철저히 해서 정부지원사업에 불이익을 당하지 않도록 하자.

기업운영에 대한 멘토를 찾아라

"아이들을 가르치는 선생은 단지 아이를 낳기만 한 부모보다 더 큰 존경을 받을 수 있다. 부모는 단지 생명을 안겨준 것뿐이지만 선생은 아이들의 훌륭한 생활을 위해 힘쓰기 때문이다."

그리스의 철학자이자 알렉산더 대왕(Alexandros the Great)의 멘토인 아리스토텔레스(Aristoteles)가 한 말이다. 사람은 태어나면서 무언가를 항상 배운다. 음식을 먹는 방법부터 걷고, 뛰며 공부하는 방법까지 모든 것을 배우면서 살아간다. 배움 자체도 중요하지만, 누구에게 배우는가에 따라 가치관이 바뀌고 인생의 전환도 이루어진다.

가장 먼저 멘토를 만날 수 있는 곳은 책이다. 책은 작가의 경험과 노력을 단시간에 배울 수 있는 최고의 교과서다. 보통 한 권의 책을 집필하려면 많은 시간이 걸린다. 좋은 내용을 전달해야 하고, 이해가 쉽게 만들어야 하기 때문이다. 그만큼의 노력이 들어가야 책 한 권이 완성된다. 그래서 독서로 많은 멘토를 만나고 배우는 것이 가장 가성비 좋은 방법이다.

수십 년의 노력이 한 권으로 압축되어 있으니 이만큼 효과적인 투자도 없다. 요즘은 종이책 외에도 전자책이나 온라인 강연이 아주 많다. 원하면 어떤 분야에서든 전문가를 찾을 수 있고, 만날 수 있다. 직접 찾아가지 않아도 모든 것을 배울 수 있는 시대가 된 것이다. 내가 배우고 싶은 분야를 선택만 하면 된다.

배움과 성장을 위해서 멘토를 만나는 것처럼 기업 관리에도 멘토가 필요하다. 기업의 대표나 경영자는 기업의 모든 부분을 책임져야 한다. 대기업이나 중견기업의 대표는 경영에만 전념하면 된다. 나머지 부분은 전문 인력으로 대처하면 된다.

하지만 중소기업이나 영세기업의 사정은 대기업과 중견기업과는 큰 차이가 있다. 경영은 기본이고, 영업, 인사관리 등 모든 부분을 대표가 직접 해야 하는 경우가 많다. 심지어 대표가 조금이라도 인건비를 줄이기 위해서 직접 노동하는 경우가 많다. 그러다 보니 당장 기업의 이익에만 집중하게 되고, 전반적인 경영에는 소홀할 수밖에 없는 것이다.

기업을 운영하면 각종 법률을 준수해야 한다. 상법, 민법, 세법, 근로기준법 등 법률별로 준수해야 하는 기준이 있고, 준비 서류도 다르다. 이 모든 것을 대표 혼자 준비하기에는 거의 불가능하다. 그래서 기업경영을 도와주는 사람이 필요하다.

내가 대표에게 조언을 주는 핵심은 기업경영 루틴을 알려주는 것이다. 내가 조언을 하는 기업 중에는 설립 3년 미만의 중소기업이 많다. 대부분 스타트업으로 시작했고, 평균 직원 수가 3~5명 정도로 영세하다. 업종을 불문하고 해당 기업의 대표들은 하루가 너무 바쁘게 흘러간다. 몸이 10개라도 모자랄 지경이다.

게다가 기업을 운영하다 보면 순리대로 흘러가는 경우는 드물다. 생각지도 않는 사건 사고가 있을 수 있고, 각종 법률이 변경되면 거기에 맞게 준비해야 한다. 이런 부분들을 옆에서 도와줄 수 있는 사람이 있으면 정말 든든하다. 게다가 기업에 필요한 정부지원사업을 꾸준히 알려주면 많은 도움이 된다. 또한, 해당 기업에 꼭 필요한 정보를 제공하고, 준비하는 방법까지 알려준다면 금상첨화다.

내가 기업대표에게 경영에 대한 조언을 주는 것처럼 나 또한 많은 멘토에게 배우고 있다. 기업경영에 대한 관심이 많으니 해당 분야와 관련된 책은 수시로 본다. 그리고 책으로 해결이 되지 않으면 강의나 세미나에 참석한다. 예전에는 자기 계발에 돈을 쓴다는 것이 아깝게 느껴졌지만, 지금은 될 수 있는 대로 많이 참석하며 배우려 노력하고 있다.

2018년 1월, 에즈금융서비스에서 보험영업을 시작했다. 그리고 한 번의 이직 없이 꾸준히 다니고 있다. 보험업계는 이직이 많은데 내가 이직하지 않았던 이유가 있다. 회사의 좋은 문화를 이끌고 든든한 버팀목이 되어주시는 이태형 대표님과 남민우 사장님, 남일우 본부장님 때문이다. 사람을 먼저 생각하고 올바르게 일을 할 수 있는 시스템을 꾸준히 제공해주신다. 그리고 영업만을 위한 조직이 아닌, 영업에서 사업으로 성장할 수 있도록 회사의 환경을 위해 노력하고 계신다.

회사의 성장과 조직의 성장은 리더가 어떠한 방향으로 가는지가 가장 중요하다. 최전방에서 계속 발전할 수 있도록 직접 활동하고 계시기에 조직이 올바른 길로 갈 수 있다. 나는 고졸 학력으로 몸 쓰는 일만 했었다. 이런 내가 지금처럼 발전할 수 있었던 토대를 닦을 수 있었던 이유는 참된 리더를 만났기 때문이다.

나는 한번 사는 인생에서 특별한 존재가 되고 싶었다. 그저 남들처럼 똑같은 삶을 살기는 싫었다. 나의 이름을 퍼스널브랜딩을 하고 탁월한 경쟁력을 가지고 싶다. 그저 남들처럼 평범한 직장인으로 살고 싶지는 않았다. 한 번뿐인 인생인데 누구보다도 멋지게 살고 싶었고, 책 한 권이라도 세상에 남기고 싶었다.

그래서 24년의 노하우로 일반인을 책 쓰는 작가로 탄생시키는 한책협의 김태광 대표님을 찾아갔다. 한책협의 도움으로 나는 짧은 시간에 책을 완성할 수 있었다. 그리고 한책협은 책 쓰기만 가르치는 곳이 아니다. 책을 쓰는 것 외에도 책으로 퍼스널 브랜딩을 하는 방법, 인스타그램 마케팅, 책 출판과 홍보 마케팅도 배울 수 있다. 일반인이 성공할 수 있는 가장 빠른 방법을 배울 수 있다.

만약 내가 성공에 대한 갈망이 없고 평범함과 편함만 추구했다면 어땠을까? 아마 이런 멘토를 만날 수 없었을 것이다. 인생을 살아가다 보면 많은 인연이 생기기 마련이다. 인연을 맺는 대상이 누구인지에 따라 자기 삶과 질은 크게 달라진다. 지금 자신의 주변에 가장 가까이 있는 10명을 생각해보자.

이 사람들의 성향과 생각, 재산 수준 등이 머릿속에 떠오를 것이다. 자주 교류하는 10명의 사람의 평균 수준이 나의 평균이라고 생각하면 된다. 만약 평균 수준이 내가 원하는 수준이 아니면 만나는 사람 자체를 바꿔야 한다. 환경 자체를 바꿔 줘야 한다는 거다.

세상에는 성공한 사람들이 정말로 많다. 세계적인 사업가부터 분야별로 성공하는 사람들이 쏟아져 나오고 있다. 이 사람들이 성공할 수 있었던 것은 개인의 능력과 더불어 멘토의 힘이라고 생각한다. 모든 것을 혼자 다 해결할 수 있는 사람은 아무도 없다. 오히려 혼자 해결하려고 하다가 더 난처한 상황이 되는 경우가 더 많다.

사람은 더불어 살아야 하고, 협력하며, 공유하면서 살아가야 한다. 독불장군처럼 자기만 생각하면 그 사람은 언젠가는 무너진다. 진정한 부자는 돈이 많은 부자가 아니라 사람이 많은 부자다. 특히, 배울 수 있고, 물어볼 수 있는 멘토가 많은 사람이 진정한 부자다.

벼가 자라기 위해서는 논이 필요하다. 논에 적당한 물이 있어야 하고, 햇빛도 있어야 한다. 벼가 잘 자라도록 잡초도 뽑아줘야 하고, 물의 양도 조절해야 한다. 그냥 맨땅에 볍씨만 뿌린다고 해서 벼가 잘 자라는 것은 아니기 때문이다. 이런 요소들이 모두 모여야 벼가 익어서 결실을 본다. 이 과정에서 햇빛을 제외하고는 농부의 정성이 들어간다. 기업경영도 농부처럼 정성을 쏟고 보살펴줄 멘토가 꼭 필요하다.

기업운영 진단을 주기적으로 받아라

국민건강보험공단에서 국민의 건강을 위해 매년 건강검진을 진행한다. 대상은 지역세대주, 직장가입자, 20세 이상 세대원과 피부양자, 20~64세 의료급여수급권자가 건강검진 대상자다. 사무직은 2년마다 1회, 비사무직은 1년마다 1회를 제공한다. 건강검진을 제공하는 이유는 기본적인 검진을 통해서 건강점검을 하고, 큰 질병을 미리 예방하기 위해서다. 많은 국민이 정기적 검진을 통해서 많은 혜택을 받고 있다.

나의 아버지는 건강검진으로 암을 발견했다. 시골에서 마을 단위 단체 건강검진을 받을 때, 대장내시경을 통해서 발견되었다. 생전 처음으로 받은 검사에서 대장암 3기가 발견된 것이다. 모든 일정을 취소하고 아버지가 있는 집으로 갔다. 아버지를 모시고 대구에 있는 암센터로 갔다. 급하게 수술 일정을 잡은 후 수술했고 치료도 잘 끝났다. 암 수술한 지 만 3년이 지났는데 암의 추가적인 발병 없이 지내고 계신다.

　개인이 건강검진을 받는 것처럼 기업도 철저한 건강검진이 필요하다. 기업운영의 주기적인 진단이 필요하다는 말이다. 기업은 기본적으로 이익을 추구하는 집단이다. 특히, 소유와 경영이 분리된 법인사업자는 좀 더 철저한 관리가 필요하다. 경영책임이 있는 대표와 이사는 이익을 극대화하고, 주주에게 이익을 배분해야 하는 의무가 있기 때문이다.

　그리고 법인기업은 대표와 이사의 경영책임과 윤리 의식이 법적으로도 강하게 적용된다. 상법상 회사와 이사는 위임관계로 규정한다. 민법 제680조에는 '위임은 당사자 일방이 상대방에 대하여 사무의 처리를 위탁하고 상대방이 이를 승낙함으로써 그 효력이 생긴다'라고 되어 있다. 위탁받은 사람, 즉 대표는 기업을 경영하고 경영 결과에 책임을 져야 한다.

　상법에도 위임받은 대표나 이사가 위반행위를 할 때 손해에 대한 배상책임을 규정하고 있다. 또한, 주주나 제삼자 등에게 피해나 손해를 입히게 되더라도 법률에 따라 책임을 져야 한다. 그만큼 기업경영에 대한 책임이 막중하다. 특히, 이런 위험은 중소기업에 더 크게 작용한다. 전문적인 경영인이 없고, 자본도 외부조달 자본에 많이 의존하기 때문이다.

　자금의 외부조달 비율이 높을수록 기업의 부채의존도가 높아진다. 부채의존도가 높다는 것은 자체적인 이익으로 사업자금을 조달하는 비율이 낮다는 것이다. 기업이 이익을 창출하려면 제품의 판매가 잘되어서 매출이 늘어나야 한다. 매출이 자체가 나쁘면 매출이 나쁜 이유를 하나씩 찾아야 한다. 나는 문제에 대한 이유를 찾을 때 주로 Top-Down(이하 톱다운) 방식을 적용한다. 톱다운 방식이란 가장 큰 문제를 두고 세부 요소를 하나씩 점검해 나가는 방식이다.

만약 제조업 기업이 제품을 잘 만들었는데 판매하지 못해 매출이 저조하다고 가정해보자. 판매를 못한다는 것은 2가지의 경우다. 제품을 사주는 기업이나 소비자가 없거나 제품의 경쟁력이 떨어지는 경우다. 조사해보니 경쟁력이 떨어진다고 하면 품질 또는 가격이다. 품질은 좋은데 가격이 잘못 측정이 되어서 판매가 이루어지지 않으면 가격을 낮춰야 한다. 그렇다고 무턱대고 할인을 할 수는 없다.

가격을 낮추려면 우선 제품의 원가를 파악해야 한다. 원가에는 재료비, 인건비가 대표적이다. 만약 재료비가 적절한데 제품의 원가가 높으면 인건비 지출이 많은 것이다. 여기서 인건비를 줄이는 방법도 여러 가지다. 제조 공정상에 불필요한 인원 배치가 없는지 확인해야 한다. 그리고 인건비를 대처할 수 있는 자동화 시스템 도입을 고려할 수 있다.

반대로 인건비는 적절한데 재료비 투입이 많은 예도 있다. 재료비가 많이 드는 경우는 원재료를 비싼 값으로 구매했거나 공정 과정에서 원재료 효율이 떨어지는 것이다. 원재료를 비싼 값으로 구매했다면 구매처를 다양화해서 재료비를 낮출 수 있다. 반대로 원재료는 싸게 구매했는데 노후된 생산 기계나 재료 품질 불량인 경우도 있다. 이럴 때 투입량 자체가 늘어나서 재료비는 증가하고 제조 원가가 증가한다.

이처럼 한 가지의 문제가 나타나면 하나씩 원인을 찾아봐야 한다. 무언가 잘못된 것은 반드시 이유가 있기 때문이다. 손도 마주쳐야 소리가 나듯이 결과에는 반드시 원인이 있다. 만약 원인을 찾지 않고, 감으로만 해결하려 한다면 회사는 망한다. 돈과 직결되는 문제는 철저하게 분석하고 해결해야 한다.

하지만 오늘날에는 재무적인 요소만 해결해서는 올바른 기업경영을 할 수 없다. 재무적 요소와 더불어 경영의 중심을 차지하고 있는 요소가 있다. 바로 비재무적 요소인 ESG다. ESG는 앞서 말했듯 환경(Environmental), 사회(Social), 지배구조(Governance)의 약자다.

기업을 운영할 때 환경을 보호할 수 있는 체계를 구축해야 한다. 또한, 근로자를 고용할 때 차별이 없는 환경을 만들고 처우개선에 신경을 써야 한다. 그리고 대표나 임원 등 경영진은 청렴함이 더욱더 강조되고, 윤리경영 정책을 수립하는 등 운영 투명성을 확대해야 한다. 2021년 대한상공회의소의 조사에 따르면, 소비자의 63%는 제품구매 시 ESG 활동을 고려한다고 답했다.

심지어 88.3%는 ESG 우수 기업 제품의 경우 추가 가격을 지불하고, 구매할 의향이 있는 것으로 조사되었다. 반대로 사회적인 문제를 일으키고, 환경파괴를 일으키는 제품은 불매하거나 소비를 자제한다. 그만큼 소비자들도 기업을 바라보는 시각이 달라지고 있다. 그만큼 ESG 경영에 대한 필요성과 공감대가 형성되고 있다는 증거다.

이런 변화에 맞춰 국내 기업들도 빠르게 움직이고 있다. 전국경제인연합회가 국내 매출 상위 300대 기업의 ESG 담당자를 대상으로 설문조사를 했다. 응답 결과 300대 기업 중 81.4%가 ESG 사업 규모를 늘릴 것이라 답했다고 밝혔다. ESG 경영이 기업의 선택 요소가 아닌, 생존과 성장의 핵심적인 요소가 되고 있기 때문이다.

주요 대기업은 ESG 관련 정책과 목표를 정하고, 계열사의 ESG 전담 조직과 체계를 구축하고 있다. 경제단체는 ESG 위원회를 설립하고, 관련 교육 및 포럼 등을 개최하는 등 기업의 ESG 대응을 지원하고 있다. 이에 맞춰 산업통상자원부는 2021년 12월에 K-ESG 지침을 관계부처와 합동으로 제작해서 배포하고, ESG 대응에 힘쓰고 있다.

"21세기 문맹인은 읽고 쓸 줄 모르는 사람이 아니다. 배운 것을 잊고 새로운 것을 배울 수 없는 사람이다."

미국의 미래 학자이자 저널리스트인 앨빈 토플러(Alvin Toffler)가 한 말이다. 시대가 변하면 변하는 시대에 따라 배우고 대응해 나가야 한다. 기업경영 방법이 바뀌면 기업운영 자체도 방법을 바꿔야 한다. 그저 편하기 위해 기존 방법대로 하면 더 큰 문제를 일으킨다.

기업 진단은 중소벤처기업진흥공단에서도 무료로 지원한다. 공단 홈페이지에 접속하면 중소기업 진단사업이 있다. 자발적인 경영 상태를 점검을 유도하고, 문제점을 분석해서 최적의 솔루션을 제공한다.

업종전문가가 진단을 통해서 기업의 문제점을 분석 후, 해결책을 제시한다. 또한, 문제점 해결을 위한 정책사업도 연계 지원을 한다. 비대면으로 이루어지며 회원가입 후 회사정보와 재무 상황을 입력하면 진단 후 결과를 받을 수 있다.

틀에 박힌 사고로 기업운영을 하지 말고 넓은 시야를 갖자. 그리고 주기적으로 기업운영을 점검해서 미리 예방하는 습관을 들여야 한다. 처음부터 좋은 습관을 들여야 기업규모가 커져도 유지가 된다. 규모가 작을 때부터 기업운영 점검을 주기적으로 받아라.

지원기관별 관리기준을 봐라

나는 대학교 시절부터 취미로 볼링을 쳤다. 볼링을 전문적으로 치려면 필요한 장비들이 있다. 그중에 가장 중요한 것이 볼링공이다. 볼링을 치는 구질마다 볼링공의 종류가 달라진다. 그리고 볼링공의 표면처리 방식에 따라 여러 가지를 준비했다. 표면처리 방식에 따라 볼링공 관리도 서로 다르게 해줘야 한다.

누구나 물건을 사용하거나 서비스를 이용하면서 불편함으로 인해 고객센터에 연락해본 경험은 있을 것이다. 고객센터 대표번호로 전화하면, 원하는 서비스 번호를 누르라고 한다. 번호별로 별도의 서비스를 제공한다. 혹시라도 번호를 잘못 누르면 서비스를 제공하는 담당자로 다시 연결해준다. 이런 절차가 복잡하게 생각되는 경우가 많다. 나 자신은 당장 급해서 문제를 해결하고 싶은데 담당이 아니면 상담조차 해주지 않는다.

정부사업에도 기관별 담당자가 별도로 존재한다. 정부지원사업 자체가 워낙 종류가 다양하고 담당기관도 다양하다. 심지어 주무부처와 운영기관이 같다고 하더라도 실행하는 세부 부서가 다른 경우도 많다. 따라서 기관별 관리 지침도 다양하다.

중소벤처기업진흥공단은 정책자금과 수출마케팅, 인력양성에 대한 사업을 지원한다. 그중 가장 큰 비중을 차지하는 부분이 정책자금 융자다. 대부분 공고문에 주요 사업의 내용과 주요 사항이 공개되어 있다. 그리고 정책자금 안내 전담 콜센터도 운영하고 있다. 또한, 관할구역을 설정하고 권역별로 수도원, 강원, 충청, 전라, 경상, 제주 총 6개 권역으로 나눠서 담당한다.

지역별로 관할구역이 따로 있으니 해당 지역본부와 지부로 연락해야 한다. 그리고 정책자금의 종류별로 담당자도 따로 배치되어 있다. 담당자와 직접 통화를 하면 가장 좋지만, 한 담당자가 관할 지역의 모든 정책자금을 담당하기 때문에 통화하기 힘들다. 그럴 때는 기관별 내부규정을 보고 활용해야 한다. 준정부기관이라 공공기관은 내부규정을 보려면 '공공기관 알리오' 사이트에 접속하면 모두 볼 수 있다.

특히, 신용보증기금이나 기술보증기금은 정부지원사업 관련 공고가 다른 기관보다 상세히 나오지 않는다. 홈페이지에 큰 틀은 나와 있지만, 세부 관리기준은 공개되어 있지 않다. 이럴 때 어떻게 해야 할지 참 막막하다. 하지만 내부규정을 살펴보면, 각 보증별 업무 관리기준과 행동요령들이 모두 공개되어 있다. 심지어 평가 항목이나 점수표, 예외 조항까지 모두 공개가 되어 있는 내부규정도 있다.

준공공기관 내부규정 확인

출처 : 공공기관 알리오

    기관별 담당자는 이런 내부규정을 보고 업무를 진행한다. 그러니 주변에서 일방적으로 말하는 유언비어를 듣지 마라. 궁금하면 공문을 보거나 내부규정을 보는 것이 가장 정확하다. 그리고 정부지원사업에 해당하는 내부규정을 알고 있으면, 담당자와 대화도 수월하다. 내부규정에 없는 기준으로 담당자가 이야기할 때는 정식으로 재요청을 할 수도 있다. 담당자라고 해서 모든 내부규정을 외우고 있지 않기 때문이다.

    반면 홈페이지의 공지사항만 잘 보면, 모든 지원사업의 내용을 알 수 있는 기관도 있다. 바로 고용노동부다. 고용노동부는 국민의 고용이나 취업, 일자리 창출과 관련된 정부지원사업을 주로 추진한다. 정책 관련 자료가 대상자별, 분야별로 잘 나뉘어 있고, 보기도 쉽다. 그리고 거의 매일 새로운 공고가 올라오고, 사업보고서가 업데이트된다.

    특히 개정된 관리지침이나 실무 분야의 설명서, 관리체계 구축

가이드 등이 꾸준히 업데이트되고 있다. 고용노동부에서 가장 큰 비중을 차지하는 정부지원은 고용 관련 사업이다. 그중에서도 고용 창출에 대한 지원금이 가장 많다.

　지원금은 다른 정부지원사업과는 달리 사전 서류심사나 현장 심사가 없다. 공고문에 명확하게 지원대상, 요건, 방법이 명시되어 있다. 명시된 대로만 진행하면 지원금은 무조건 나온다. 정책 자체가 변경되거나 개정이 되지 않는 이상 지침대로만 하면 누구나 받을 수 있다. 그러다 보니 경쟁이 치열하고, 부정적인 방법으로 지원금을 악용하는 때도 있다.

　이를 방지하기 위해서 사후 관리가 정책자금보다 엄격하다. 우선 소비·향락업 등의 업종은 대상에서 제외된다. 그리고 임시 일용직이나 간접고용 형태로 근로자를 고용해도 제외된다. 그리고 고용보험에 가입이 필수로 되어야 한다. 또한, 고용노동부가 지정한 운영기관을 통해 진행될 때는 사후 관리가 좀 더 까다롭다.

　운영기관은 참여인원 인적사항, 접수 내역, 사업비 집행 내역 등 관련 서류를 5년간 보존해야 한다. 각 고용센터가 운영기관에 사업 관련 자료 제출을 요구할 수 있다. 또한, 담당 공무원이 방문해서 조사하는 경우 반드시 협조해야 한다.

　참여기업은 근로조건 보호, 참여기업 요건 확인, 채용 요건 등을 반드시 준수해야 한다. 이에 운영기관은 반기 1회 이상 참여기업을 대상으로 현장 지도·점검을 필수로 해야 한다. 지도·점검은 자체 계획은 수립할 수 있고, 참여기업의 30% 이상을 실시해야 한다. 이 중 20%는 반드시 현장점검을 하고, 나머지는 유선 또는 팩스를 활용할 수 있다.

고용 창출 지원금 유의사항

○ 고용조정 제한 대상 : 도약장려금 지원대상 청년뿐만 아니라 다른 근로자에 대한 고용조정 이직도 없어야 함
  * 채용일에 관계없이 전체 근로자를 대상으로 함

고용조정 이직

<고용보험 상실사유> 2. 회사 사정과 근로자 귀책 사유에 의한 이직(대분류)

대	중분류	세분류
2. 회사사정 과 근로자 귀책사유에 의한 이직		
	23. 경영상 필요 및 회사 불황으로 인한 인원감축 등에 따른 퇴사 (해고·권고사직·명예퇴직 포함)	① 경영상 필요에 의한 인원 감축 - 기업 구조조정 및 경영악화방지 등 경영상 필요에 의한 인원정리를 위하여 해고기준을 설정하여 행한 해고 ② 사업의 양도·양수·합병으로 - 사업의 양도·양수·합병과정에서 본인 의사와 관계없이 고용승계가 배제되어 이직하는 경우 ③ 인원감축을 위한 희망퇴직에 응해서 - 고용조정계획 등 경영상 필요에 의한 인원감축을 위하여 사업주 권유에 의한 희망(명예)퇴직에 따라 이직하는 경우(경영상 필요에 의한 인원정리를 위하여 희망퇴직자를 모집한 경우) - 기업경영상 필요에 의하여 법정금품 외 퇴직위로금등 금품을 받고 권유에 의해 이직하는 경우 포함 ④ 사업·부서가 폐지되고 신설된 법인으로 전직 - 사업·부서가 폐지되고 별도법인이 설립되어 사업이 양도됨으로써 부득이하게 신설된 법인으로 전직하는 경우 (아웃소싱 포함) ⑤ 회사의 업종전환에 적용하지 못해서 - 회사의 업종전환 과정에 적용하지 못하거나 사업주의 권유에 의하여 이직하는 경우 ⑥ 회사의 주문량·작업량 감소로 - 회사의 주문량·작업량 감소로 인하여 이직하는 경우
	26. 근로자의 귀책 사유에 의한 징계 해고·권고사직	③ 근로자의 귀책사유가 징계해고 정도에는 해당되지 않지만(업무능력 미달 사유 등 포함) 사업주가 권유하여 사직한 경우

○ 고용조정 제한기간 : 도약장려금사업 참여신청일 1개월 전부터 청년 고용 후 지원금을 지급받는 기간

고용 창출에 대한 지원금의 경우에는 반드시 주의해야 하는 부분이 있다. 바로 인위적인 고용조정이 있으면 지원금을 전액 환수조치한다. 지원금 대상 근로자의 조정뿐 아니라 기존 근로자의 고용조정도 불가하다. 경영상의 이유로 인원을 감축하거나, 인수·합병, 희망퇴직, 해고·징계로 인한 고용조정 등 대부분 사항이 포

함된다. 단, 근로자가 스스로 퇴직을 원할 때는 인위적인 고용조
정으로 보지 않고 지원이 계속된다.

기관별 관리기준을 준수해서 정부지원을 받을 수 있는 상태를
만들어야 한다. 정부지원사업을 잘 활용해야 기업이 꾸준히 성장
한다. 당신의 사업에 건승을 빈다.

나는 자본금 0원으로 창업했다

제1판 1쇄 2023년 2월 15일
제1판 3쇄 2024년 5월 30일

지은이 하동균
펴낸이 허연 **펴낸곳** 매경출판㈜
기획제작 ㈜두드림미디어
책임편집 이향선, 배성분 **디자인** 디자인 뜰채 apexmino@hanmail.net
마케팅 김성현, 한동우, 구민지

매경출판㈜
등 록 2003년 4월 24일(No. 2-3759)
주 소 (04557) 서울시 중구 충무로 2(필동 1가) 매일경제 별관 2층 매경출판㈜
홈페이지 www.mkbook.co.kr
전 화 02)333-3577
이메일 dodreamedia@naver.com(원고 투고 및 출판 관련 문의)
인쇄제본 ㈜M-print 031)8071-0961
ISBN 979-11-6484-519-4 (03320)